나의 직원은
유튜브

나의 직원은 유튜브

스가야 신이치(菅谷 信一)·민진홍 지음

매일경제신문사

신종 코로나 바이러스의 확산을 거치면서 유튜브가 일상생활의 일부로 완전히 자리 잡았습니다. 다양한 이유로 자유로운 시간을 가질 수 있었던 사업가가 스마트폰이나 컴퓨터를 활용해 유튜브로 자신이 좋아하는 분야의 동영상을 보는 시간이 비약적으로 증가했습니다.

다행인지 불행인지, 신종 코로나 바이러스의 감염 확대가 유튜브의 보급에 큰 영향을 미쳤다고 생각하는 것은 저뿐일까요? 지금으로부터 약 10년 전 스마트폰의 보급에 이어, 제2차 유튜브 붐이 도래했다고 보는 사람도 많을 것입니다.

그와 동시에, 유튜브 시청자뿐 아니라 유튜브의 채널 운영자나 업로더가 비약적으로 증가했다는 것 또한 최근의 큰 화제입니다. 지금까지 유튜브를 시청하기만 했던 중소기업 경영자와 사업가, 개인 자영업자가 잇따라 유튜브 채널을 만들고, 동영상을 올리기 시작했기 때문입니다. 개인 사업가이기도 한 프로 스포츠 선수도 새로운 수입원으로 유튜브에 눈독 들이는 경우도 자연스러운 일이 되었습니다.

그런데 이러한 유튜브를 둘러싼 움직임에, 저는 매우 유감을 느끼는 바입니다.

'유튜버와 비즈니스 유튜브는 완전히 다른 것인데, 시간을 낭비하고 있다.'
'유튜브라는 도구의 위력을 완전히 살리지 못하고 있다.'

많은 소규모 회사나 점포의 유튜브 동영상을 보면서, 저는 이렇게 한숨을 쉽니다.

유튜브를 활용하는 데 많은 사람이 관심을 갖게 된 것은 좋은 일입니다. 하지만 오락을 위한 동영상이면 몰라도, 중소기업의 비즈니스를 목적으로 하는 비즈니스 유튜브는 활용할 때 유의할 점이 있고, 전략을 짜야만 하는 부분도 있어, 유튜버의 동영상과는 완전히 다릅니다.

소규모 회사나 점포의 경영자가 본업의 매출을 증가시키기 위해 유튜브를 활용하려면, 유튜버와는 다른 규칙과 원칙을 정확하게 이해해야 합니다.

이 책은 '유튜버에 대한 도전장'입니다. 조회 수 한 번에 몇십 원 정도를 받는 광고 수익이 목적이 아니라, 어디까지나 본업의 매출을 증가시키는 것을 목적으로 하는 전략적인 도구가 바로 '비즈니스 유튜브'입니다. 주택 회사라면, 연간 다섯 채의 주문을 받아 연 매출 20억 원을 얻는 회사가 연간 열 채의 주택을 주문받게 되어, 연 매출이 40~50억 원으로 증가할 수 있습니다. 불과 몇십 원짜리 광고 수익을 추구하는 유튜버와는 완전히 다른 수익 구조입니다.

나는 인터넷 업계에서 일한 지 20년이 되었고, 2011년부터는 독자적인 비즈니스 유튜브 전략인 '스가야식 유튜브 전략'을 많은 중소기업에 알렸으며, 매출 향상을 도운 금액만 해도 천억 원에 달합니다. 말하자면, 이미 실증이 끝난 소규모 회사를 위한 비즈니스 유튜브 전략이라고 할 수 있습니다. 이 책을 읽다 보면, 당신의 머릿속에 있는 유튜브 활용에 관한 상식이 크게 바뀔지도 모릅니다. 하지만 지금 수면 아래에서 유튜브를 활용해 실적을 크게 향상시킨 기업은 이러한 일들을 실천하고 있습니다.

생생한 사례를 가득 담았으므로, 당신과 같은 업종뿐 아니라 다른 업종의 유튜브 활용에 대해서도 살펴보면서, 당신의 편이 되어줄 전략적인 도구로 활용하기 바랍니다.

유튜브 전략 컨설턴트

스가야 신이치(菅谷 信一)

안녕하세요.

미라클 마케팅 민진홍 소장입니다.

이 책은 '유튜브를 사용해 광고 수익'을 얻고자 하는 방법이 아닌, 유튜브를 사용해 당신 본업의 매출을 몇 배나 늘리는 방법을 전하기 위해 집필했습니다.

유튜브는 제가 마케터로서 새로운 미래를 연 큰 분기점이 된 도구입니다. 그리고 이것은 저뿐만 아니라 지금 세상을 크게 바꾸려는 인플루언서들이 모두 온 힘을 다해 임하고 있는 플랫폼입니다.

SNS에는 페이스북, 인스타그램, 트위터, 틱톡 등 많은 도구가 있지만, 지금 가장 큰 영향을 미치는 도구라면 압도적으로 유튜브라고 할 수 있습니다. 이 흐름은 5G의 보급으로 인해 더욱 가속화되고 있습니다. 원래 SNS는 문자 정보에서 화상 정보, 그리고 동영상으로 점점 생산성이 높아지는 방향으로 나아가고 있습니다. 그래서 앞으로 비즈니스를 하는 사람이 절대 피해갈 수 없는 플랫폼이 바로 유튜브입니다.

제가 유튜브를 시작했을 당시만 해도 이렇게 높은 수준으로 비즈니스 유튜브 전략을 배울 기회가 세상에 존재하지 않았습니다.

이미 뛰어난 전문 지식과 경험이 있는 당신이 비즈니스 유튜브 전략을 알면, 밝은 미래를 손에 넣을 것입니다.

《나의 직원은 유튜브》의 정보를 접한 행운의 당신이 반년 후, 일 년 후 유튜브를 사용해 미래를 개척하는 모습을 보는 것이 너무나 기다려집니다!

민진홍

CONTENTS

제1장
왜 인터넷 첨단 기업은 '유튜브 원격근무 전략'을 취하고 있는가

제2장
'유튜브 고객 모집'을 이해해 양질의 유망고객을 10배로 만들자!

제3장
'유튜브 클로징'을 활용해 '성약률을 2배'로 만들자!

제1장

왜 인터넷 첨단 기업은
'유튜브 원격근무 전략'을
취하고 있는가

줌과 채트워크를
새로운 시대의
영업 활동에
활용할 수 없는 이유는?

신종 코로나 바이러스의 감염 확대는 사회의 다양한 상황에서 행동 기준에 큰 변화를 주었습니다. '3밀(밀폐, 밀집, 밀접)'을 피하고, 사회적 거리를 유지하며, 감염 리스크를 가능한 한 낮추기 위한 행동 양식이, 일본뿐 아니라 전 세계의 사회생활 속에 점차 스며들었습니다.

2020년 5월 7일, 후생노동성이 발표한 '신종 코로나 바이러스를 염두에 둔 새로운 생활 양식의 실용례'에서는 감염 방지의 3가지 원칙 중 하나로, 제일 먼저 '신체적 거리 확보'를 들었습니다. 구체적으로 말하면, '다른 사람과의 거리를 가능하면 2m(최소) 정도 띄우라는 것, 또한 대화할 때는 가능한 한 정면으로 마주 보지 말라는 것, 다른 사람과의 거리를 충분히 유지할 수 없을 때는 증상이 없어도 마스크를 착용하라'고 권유하고 있습니다. 또한 '일상생활의 상황별 생활 양식'으로써 쇼핑할 때는 인터넷을 이용하고, 전자 결제 방식을 권장하고 있습니다. 원격근무나 로테이션 근무, 시차 출근 및 온라인 회의 등 '새롭게 일하는 방식'도 생겨났습니다.

물론 중소기업에도 이러한 행동 양식의 변화가 큰 영향을 주고 있습니다. 사내 직원회의 및 상담 등도 근무 장소를 불문하고 줌과 같은 도구를 이용해 실시하게 되었습니다. 하지만 고객과 직접 만날 기회가 비교적 많은 영업직이나 접객업무를 하는 사람들은 이러한 도구를 이용하는 방식으로 대체하기가 쉽지 않습니다.

최근 전국 각지의 상공회의소 등에 직접 가서 강연 및 기업 연수를 하는 기회가 줄어들어, 온라인 세미나나 온라인 컨설팅 등 집에서 일하는 저의 집에 한 리모델링 회사의 영업 사원이 방문했습니다. 초인종이 울리기에 저는 황급히 마스크를 끼고 현관문을 열었고, 그 영업 사원은 마스크를 끼지 않은 채 이렇게 말했습니다.

"이 지구를 새롭게 담당하게 된 야마다입니다. 오늘은 인사를 겸해 방문했습니다."

저는 열린 문을 반쯤 닫으면서 "명함이나 자료를 우편함에 넣어 주세요"라고 짧게 말한 다음 서둘러 문을 닫았습니다. 이 영업 사원이 마스크를 착용하지 않은 점도 큰 문제지만, 그전에 새로운 생활 양식이 자리 잡은 지금, 현재의 고객이 가능한 한 직접 만나는 일을 피하고자 한다는 심리적 변화를 이해하지 못했다는 점이, 이 리모델링 회사와 영업 사원의 근본적인 문제점이라고 할 수 있습니다.

이러한 사회적 변화를 받아들여, 한 주택 회사는 기존과는 완전히 다른 형태의 방문 방식을 실시하고 있습니다. 그 주택 방문은 완전 예약제로, 한 가족이 방문할 시간을 정하고 모델하우스 열쇠를 주어, 영업 사원이 일절 접객하지 않고, 고객이 자유롭게 모델하우스 내부를 둘러볼 수 있습니다. 또한, 다른 주택 회사는 고객이 집에서 동영상으로 모델하우스의 내부를 견학할 수 있는 '원격방문'을 적극 도입하고 있습니다. 이러한 형태라면, 고객이 직접 현지에 가지 않아도 되기 때문에 감염 리스크를 낮출 수 있어, 안심할 수 있습니다. 이러한 새로운 영업 활동 방식은 신종 코로나바이러스로 인한 사회 양식의 변화를 반영한 상징적인 좋은 사례라 할 수 있습니다.

도쿄 상공회의소가 2020년 6월 17일에 발표한 회원 기업에 대한 원격근무 실시 상황 조사 결과에 따르면, 원격근무 실시율은 67.3%에 달하며, 긴급사태 선언이 발령되기 전보다 2배 이상 증가했음을 알 수 있었습니다. 또한, 종업원이 300명 이상인 기업에서는, 원격근무의 실시율이 90%에 달해, 기업의 규모가 클수록 원격근무 실시율이 높다는 사실이 판명되었습니다. 이러한 데이터를 통해서도, 대면 접객을 전제로 하는 업종을 제외하고, 많은 업종에서 근무 장소를 따지지 않는 집무 방식이 급속도로 확산되었음을 알 수 있습니다. 인터넷이나 온라인 툴은 이전에도 있었지만, 이번 신종 코로나 바이러스의 감염 확대가 그러한 툴의 활용을 가속화하는 큰 원인이 된 것은 분명합니다.

원격근무에서 활용하는 도구로써 제일 먼저 떠오르는 것이 인터넷 회의 시스템 '줌'입니다. 많은 사람이 사내 회의 및 상담을 할 때 줌을 이용하고 있습니다. 또한, 기존에는 회의실 등에서 이루어졌던 세미나도 줌으로 대체해 개최하는 일도 증가하게 되어, 줌 웨비나에 참가하기 위해 처음으로 줌을 접하게 된 사람도 많습니다.

줌은 2013년 1월에 줌 비디오 커뮤니케이션이 제공하기 시작한 인터넷 회의 시스템입니다. 2020년 초만 해도 새롭게 200만 명이 넘는 사용자가 줌을 사용하기 시작했고, 전 세계에서 줌의 사용자가 비약적으로 증가했습니다. 줌의 가장 큰 특징은 특별한 소프트웨어를 설치하지 않아도 URL을 클릭하기만 하면 간단하게 회의에 참가할 수 있다는 점입니다. 기존에 사용되던 스카이프와 달리, 컴퓨터와 스마트폰 등에 부담을 주지 않고 쾌적하고 원활하게 운용할 수 있다는 점도 큰 장점입니다.

스카이프의 문제점은 연결이 불안정하고, 특히 참가 인원이 많아지면 통신이 끊어진다는 것입니다. 또한, 이용할 때는 스카이프

소프트웨어를 컴퓨터 등에 설치해야만 했습니다. 회의 참가 인원도 최대 50명으로 한정되어 있습니다. 그에 반해 줌은 무료 플랜에서도 최대 100명이 참가할 수 있으며, 통신이 원활해 많은 사용자의 지지를 받고 있습니다.

이처럼 원격근무의 주요 도구로써 크게 주목받고 있는 줌이지만, 한편으로는 3가지 치명적인 결점이 있음도 우리는 알아야 합니다. 줌은 무료로 이용할 수 있고, 비대면 커뮤니케이션을 실현할수 있는 훌륭한 도구지만, 다음과 같은 3가지 결점이 있습니다.

첫 번째 결점은 우리의 사업 활동에서 활용할 수 있는 영역이한정적입니다. 줌을 활용하는 상황은 주로, 사원 및 파트너 기업과의 회의 및 상담 등입니다. 간혹 웹 세미나를 위한 도구로서 활용되기도 하지만, 기본적으로는 내부 관리 업무에 활용되는 도구입니다. 그러므로 사외의 고객을 대상으로 하는 영업 활동에서 줌을활용하려면 다음과 같은 장애가 있으며, 영업 목적으로 활용하기에는 적합하지 않은 도구라고 할 수 있습니다.

예를 들어, 여러분이 주택 회사의 영업 사원이라고 해보겠습니다. 어느 날, 자사 사이트를 통해 유망고객이 팸플릿을 청구하는메시지를 보냈습니다. 여러분은 그 자료를 청구한 유망고객에게"일주일 후 토요일 오후 3시에 컴퓨터를 켜시기 바랍니다. 당사의 주택 건설에 대한 설명을 자세히 들으실 수 있습니다"라고 말할 수 있겠습니까? 그렇지 않을 겁니다.

줌의 단점은 회의 참가자인 유망고객에게 날짜와 시간을 구속해야 한다는 것입니다. 특히 아직 신뢰관계가 형성되지 않은 영업 초기 단계의 유망고객과 일시를 지정해 줌에서 상담하는 것은 비현실적인 일입니다. 또한, 여러분이 식당이나 미용실을 운영한다고 해보겠습니다. 방문 빈도가 줄어들고 있는 기존 고객에게 줌을 사용해 이벤트를 공지하는 등 재방문을 촉구하는 웹 미팅을 과연 제안할 수 있을까요? 이처럼 줌은 활용 상황 및 업종이 매우 한정된 도구임을 우리는 알아야 합니다. 줌은 결코 우리 사업의 다양한 상황에서 활용할 수 있는 만능 도구가 아닙니다.

두 번째 결점은 줌이 라이브 방송이기 때문에 다양한 리스크를 안고 있다는 점입니다. 줌은 생중계 라이브 형태를 취하기 때문에 당일의 네트워크 환경에 만전을 기해야 하며, 전달할 영상의 내용에도 세심하게 주의를 기울여야 합니다. 예기치 못한 사태가 발생해도 유망고객에게 정확하게 계획한 대로 내용을 전달할 수 있도록, 발생할 가능성이 있는 다양한 리스크를 제거해야 합니다. 유튜버가 취미 삼아 하는 라이브 방송과 우리가 회사의 신용을 걸고 실시하는 라이브 방송은 책임감이 완전히 다릅니다. 다시 시작하거나 새로 촬영할 수 없는 생중계라는 어려움이 있는 줌은 라이브 방송에 숙련되어야 한다는 사실을 잊지 말아야 합니다.

세 번째 결점은 일부 고객층은 조작을 잘하지 못한다는 점입니다. 특히 고령자를 대상으로 하는 경우, 비교적 조작하기 쉬운 줌이라 해도 음성이나 영상을 다룬다는 점에서 일반적인 컴퓨터 조작과는 다른 부분이 있으므로 컴퓨터 활용 능력이 중요한 도구라 할 수 있습니다. 고령자가 아니더라도, 제가 과거에 주최했던 줌 웨비나에서 사전에 정확하게 참가 안내를 공지했음에도 불구하고 조작을 하지 못해 웨비나에 참가하지 못한 여성분이 계십니다.

스마트폰 등에 비해 줌은 연령대나 활용 능력 면에서 아직은 모든 사용자를 포용하지 못합니다. 대세에 휩쓸리는 것이 아니라 줌이 가진 이러한 3가지 결점과 리스크를 정확하게 이해한 상태에서 비대면을 전제로 한 적절한 원격 영업 전략을 취해야 합니다.

줌의 장점과 단점

장점	단점
• 무료로 활용할 수 있다. • 비대면으로 커뮤니케이션을 취할 수 있다. • 화면을 녹화할 수 있다. • 화면을 녹화해서 해설 동영상이나 교재를 만들 수 있다.	• 유망고객에게 시간과 날짜를 한정지어야 한다. • 라이브 방송으로 인한 리스크(통신 환경/다루는 내용 등) • 일부 고객층은 조작을 잘하지 못한다.

프로젝트 관리, 태스크 관리 툴 '채트워크(Chatwork)'나 'Office365

Teams'와 같은 비즈니스 채팅 툴도 마찬가지입니다. 기본적으로 이러한 툴 역시 사원끼리 또는 사외 파트너와의 내부 관리용 툴이며, 원격근무 툴이라고는 해도 대외적인 영업 활동에서는 활용할 수 없습니다.

저는 최근 반년 사이 원격근무에 관한 다양한 서적을 읽었습니다. 하지만 이러한 내부 관리 및 노무 관리에 대한 것으로, 근무 장소를 불문하고 유망고객 및 기존 고객에게 적절하게 다가가는 영업 활동에서 활용할 수 있는 도구에 대해 기록한 '원격근무 영업'에 관한 서적은 한 권도 없었습니다. 그렇다면 원격근무 형태를 유지하면서 영업 활동을 전개할 수 있는 도구는 없는 걸까요? 하지만 안심하세요. 이제 유튜브가 나설 차례입니다. 다음 장에서부터 자세하게 말씀드릴 '전략형 유튜브'는 '원격근무 영업'을 실현하는 유일한 효과적인 툴입니다.

신종 코로나 바이러스의 감염 확대를 방지하기 위한 외출 자숙 기간에 많은 사람이 일상적으로 유튜브에 접속하는 습관을 갖게 되었을 것입니다. 그러한 유튜브야말로 새로운 생활 양식 안에서 고객으로부터 환영받으면서 매출을 얻을 수 있는 위력 있는 '원격근무 영업'의 주요 도구라고 할 수 있습니다. 부디 여러분의 영업 활동의 다양한 상황에서 유튜브를 적절하게 활용하시기 바랍니다.

인터넷 영업 전략의
중심이 유튜브인 이유

유튜브는 2005년 2월에 생겨난 동영상 공유 서비스입니다. 15년의 역사를 거치면서 완전히 자리 잡은 유튜브는 현재 전 세계에서 60억 명 이상의 사용자를 거느리고 있으며, 시청자 수뿐만 아니라 업로더 수도 비약적으로 증가하고 있습니다.

일본 국내의 동영상 마케팅을 살펴보면, 스마트폰이 보급되기 시작한 2011년경부터 유튜브를 비즈니스에서 활용하는 일이 조금씩 관심을 끌게 되었고, 각 분야에서 시청자, 업로더가 증가했습니다. 스마트폰의 등장과 함께 보급된 것이 '제1차 유튜브 비즈니스 활용 붐'입니다.

이 책에서도 사례로 소개하고 있는 선구자들은 지금으로부터

10년쯤 전부터 유튜브를 비즈니스에서 활용하기 시작해 지속적인 실천을 통해 선행자로서 어마어마한 이익을 얻었습니다. 그리고 이번 신종 코로나 바이러스의 감염 확대가 부득이하게 '제2차 유튜브 비즈니스 활용 붐'을 일으키는 기폭제가 되었습니다.

총무성의 '인터넷 트래픽 유통 효율화 검토 협의회'의 조사에 따르면, 외출 자숙 요청 이전인 2020년 2월 하순과 5월 중순의 데이터량을 비교하면, 평일 낮에는 30~60%, 휴일 낮에는 10~20%가 증가했다고 합니다. 또한 유튜브의 내부 데이터에 따르면, 2020년 3월의 총시청 시간은 전년도 대비 80%가 증가했다고 합니다. 이처럼 외출 자숙 기간에 많은 사용자가 동영상을 시청했으므로, 유튜브 내에는 다양한 분야의 동영상이 존재하게 되었습니다. 그러한 동영상의 매력을 접함으로써 유튜브를 일상적으로 시청하는 습관이 새롭게 생긴 사용자도 많을 것입니다.

이번 '유튜브 붐'의 큰 특징은 업계 및 장르를 넘어선 많은 유튜브 채널이 개설되었다는 것입니다. 연예인이나 유명한 스포츠 선수뿐 아니라 정치가, 문화인, 경영자, 개인 사업주 등 장르를 불문하고 많은 사람이 유튜브 채널을 새롭게 개설했습니다.

예를 들어, 저는 야구와 격투기를 좋아해서 그에 대한 새로운 유튜브 채널을 항상 찾아봅니다. 야구 업계에서는 전(前) 요코하마 베이스타스의 다카기 유타카 선수나 전(前) 치바 롯데 마린스의 사토자키 도모야 선수의 유튜브 채널을 보면서 다양한 기획들을 즐기고 있습니다. 격투기 업계에서는 종합격투기 선수인 아사쿠라 미라이 선수나 전(前) 세계 챔피언인 도카시키 가쓰오 선수, 다케하라 신지의 유튜브 채널을 보고 있습니다. 그들은 각 업계의 선구자적 유튜버인데, 그들의 발자취를 따르는 같은 업계의 유튜브 채널 운영자가 잇따르고 있다는 것이, 전에 없이 흥미로운 일이라 할 수 있습니다.

업계를 불문하고 유튜브 채널 운영자가 최근에 비약적으로 증가하고 있는 이유는 많은 유튜브 채널 운영자가 선구자들의 발자취를 봄으로써 유튜브 채널의 운영 및 활용에 대해 구체적인 이미지를 갖게 되었기 때문입니다.

예를 들어, 한 세무사의 유튜브 채널을 본 다른 세무사는 '세무사가 유튜브 채널을 개설하면 이런 동영상을 올릴 수 있구나', '나라면 이런 세무, 회계에 대한 내용을 올려보자'와 같이, 구체적인 이미지를 떠올리게 될 것입니다. 또한, 유튜브가 앞으로 더 많이 활용되면, '세무사는 유튜브 채널을 가지는 것이 당연한 일'처럼 여겨지게 될지도 모릅니다.

이미 예능 업계에서는 예전에 홈페이지나 블로그를 개설하는 것이 대세였던 것처럼, 유튜브 채널을 개설하는 것이 당연한 일처럼 받아들여지고 있습니다. 이와 같은 움직임이 앞으로 비즈니스 업계에서도 펼쳐질 것이라는 건 쉽게 상상해볼 수 있습니다.

사람은 전례가 없는 일에는 용기 있게 뛰어들지 못합니다. 하지만 선구자가 있다면 그러한 불안함은 순식간에 사라집니다. 이번 유튜브 채널 운영자의 비약적인 증거의 배경에는 그러한 심리적인 측면이 있을 것이라고 생각합니다.

이 책에서 다루는 유튜브의 비즈니스 활용법은 앞서 말한 유튜버와는 본질적으로 다르지만, 유튜브 채널이 각계에서 비약적으로 증가해온 배경은 이해해두면 좋습니다.

이처럼 대세를 이루고 있는 유튜브지만, 이 책의 독자 중에는 중소기업이나 개인 사업주가 유튜브를 비즈니스적으로 활용하는 방법에 대한 구체적인 이미지가 떠오르지 않는 분들도 많을 것입니다.

그래서 이 책에서 자세히 설명할 '원격근무 영업'의 주요 도구인 유튜브의 비즈니스 활용에 대한 구체적인 이미지를 가질 수 있도록, 2가지 상징적인 사례를 소개할 것입니다. 여러분도 스마트폰을 사용해 유튜브의 비즈니스적 활용에 대한 구체적인 이미지를 가져보기 바랍니다.

첫 번째 사례는 구마모토시의 불단 판매점인 (유)와지마 칠기 불단점, 나가타 고키 사장님의 사례입니다. 나가타 사장님은 3년 전에 우연히 유튜브에 관한 저의 책을 보게 되어 유튜브를 비즈니스에서 활용하기 시작했습니다.

여러분의 스마트폰에서 '구마모토시 국산 불단 리폼'이라고 구글에 검색해보세요. 그러면 구글 검색 결과 상위에 큰 섬네일 이미지와 함께 나가타 사장님이 올린 동영상이 표시될 것입니다.

熊本 仏壇店 仏具 修理 リフォーム 出来ます！ 誠実対応

33 回視聴 • 2017/10/30　　　　　　　👍 1　👎 0　共有　保存 …

(유)와지마 칠기 불단점의 나가타 고키 사장님의 유튜브 채널

이 동영상을 보면 아시겠지만, 동영상의 길이는 1분 정도이며, BGM이나 자막 등의 편집도 딱히 되어 있지 않습니다. 하지만 나가타 사장님은 업로드한 다음 날 자신의 동영상이 구글 검색 상위에 표시되는 메커니즘을 정확하게 이해하고, 대량의 유튜브 동영상을 올렸습니다. 그 개수는 무려 15,000개가 넘습니다. 나가타 사장님은 15,000 종류의 검색 키워드를 생각하고, 그에 맞는 유튜브 동영상을 계속 업로드했습니다.

구마모토시와 그 주변의 불단 구매자는 컴퓨터나 스마트폰으로 검색했을 때 이러한 동영상을 보게 되어 해당 점포를 인식했고, 당사의 웹사이트에서 자세한 정보를 확인한 후 실제로 점포를 방문합니다. 이미 몇몇 동영상을 통해 나가타 사장님의 성격이나 인간성을 이해하게 된 유망고객은 불단을 구매할 가능성이 높은 상태로 점포를 방문합니다. 그 결과, 높은 확률로 불단을 판매하게 되었습니다.

말하자면 유튜브가 영업 사원 대신 인터넷상에서 초기 영업을 한 것입니다. 그 결과, 유튜브를 활용하지 않는 구마모토시와 그 주변 지역에 있는 불단점을 제치고, 해당 점포만이 높은 고객 모집 능력과 성약률로 지역 최고의 불단 판매점이 되었습니다. 3년간 지속적으로 유튜브 동영상을 업로드해 해당 점포의 매출은 2배로 뛰어올랐습니다. 또한, 예전에는 매달 천만 원 이상의 비용을 투자해 신문이나 TV에 거액의 광고를 냈지만, 지금은 그 역할을 유튜브가 대신하고 있어 광고비를 대폭 절감하게 되었습니다.

두 번째 사례는 사이타마현 사이타마시의 공작기계 판매 회사인 ㈜스즈키의 스즈키 요시유키 사장님의 사례입니다.

스즈키 사장님은 2012년부터 유튜브를 업로드하기 시작했습니다. 저를 만난 것은 창업한 지 얼마 안 되었을 때이며, 연 매출은 2억 4천만 원 정도였지만, 순이익은 6천만 원밖에 되지 않는 적자 상태였습니다.

그러한 상황에서 저에게 유튜브를 비즈니스에서 활용하는 방법을 배우고, 지속적으로 실천했습니다. 여러분의 스마트폰으로 '자동 선반 중고'라고 구글에 검색해보십시오. 그러면 커다란 섬네일 이미지와 함께 동영상을 담당하고 있는 아내 스즈키 도모미 씨가 올린 동영상이 구글 검색 상위에 표시될 것입니다.

(주)스즈키의 스즈키 요시유키 사장님의 유튜브 채널

나가타 사장님의 동영상과 마찬가지로 1분 정도 길이의 편집되지 않은 심플한 동영상입니다. 하지만 이 동영상은 이미 6년 이상 구글 검색 상위에 표시되고 있으며, 당사의 매출 향상에 크게 도움을 주고 있습니다.

현재 당사의 매출은 20억 원~30억 원 정도이며, 업계에서도 우량 기업으로 인식되고 있습니다. 이처럼 실적을 크게 향상시킨 데 도움이 된 것이 바로 유튜브였습니다.

여러분이 모르는 곳에서 유튜버처럼 활용하는 경영자를 제치고, 유튜브를 활용하는 데 성공한 중소기업들은 이러한 방식으로 실적을 크게 향상하고 있습니다.

어떠신가요? 자세한 내용은 제2장에서부터 말씀드리겠지만, 중소기업이 매출을 향상시키기 위한 유튜브 활용은 유튜버 방식과는 조금 다른, 독특한 노하우에 의한 것임을 먼저 기억하셔야 합니다.

여느 세계에서나 마찬가지지만, 자기만의 방식으로 무작정 실천하는 것만큼 성공에서 멀어지는 길은 없습니다. 여러분의 머릿속에 있는 유튜브의 비즈니스적 활용에 대한 이미지를 일단 버린 다음, 새하얀 상태에서 이 책의 내용을 받아들이시기 바랍니다.

그러면 선입견 없이 유튜브의 비즈니스적 활용을 시작해 빠르고 저렴하게 큰 성과를 손에 넣은 나가타 사장님과 스즈키 사장님처럼 성공할 수 있을 것입니다.

유튜버와
'유튜브 영업 전략 활용'의
5가지 차이

여기서는 많은 사람이 착각하기 쉬운 유튜버적인 활용과 제가 지금까지 총 천억 원의 매출을 올리는 데 도움을 준 '유튜브 비즈니스 활용'의 차이에 대해 설명하겠습니다.

먼저 유튜브 활용의 목적에 대해서입니다. '유튜브 비즈니스 활용'의 가장 큰 목적은 당연히 본업의 매출 향상입니다. 유튜브를 통해 들어온 문의를 성약으로 연결시켜 상품/서비스를 판매함으로써 새로운 매출을 만들어내는 것입니다.

그런데 유튜버의 목적은 유튜브 측에서 지급하는 광고 수익입니다. 조회 수 1에 10원이 발생하는, 아주 적은 광고 수익을 얻고자 하는 것이 그들의 목적입니다. 주택 회사라면 주택을, 자동차 회사라면 자동차를, 경우에 따라서는 수천만 원, 수억 원의 상품을 판매할 수 있는 것이 '유튜브 비즈니스 활용'입니다. 적은 광고 수익을 위해 유튜브에 동영상을 올리는 유튜버들은 애초에 목적이 크게 다르다는 점을 기억하십시오.

다음으로 동영상을 업로드하는 스타일입니다. 제2장에서도 자세히 설명하는 것처럼 '유튜브 비즈니스 활용'의 업로드 스타일은 대량 업로드입니다. 저의 지도를 받아 성과를 올린 분들의 업로드 수는 한 달에 최소 80개였습니다. 이를 지속적으로 실천하면 1년에 약 천 개의 동영상을 올리게 됩니다. 또한, 이러한 속도로 업로드를 계속하면 5천 개, 만 개의 초대량 업로드를 실현하게 되어, 더 큰 성과를 얻을 수 있습니다.

제가 '유튜브 비즈니스 활용'을 실천하기 위해 대량 업로드에 착안한 것에는 이유가 있습니다. 지금으로부터 15년 전, 검색 엔진 대책(SEO)을 전문적으로 연구하던 때에, 저는 오늘날의 인터넷 사용자는 고객 심리나 니즈에 근거한 다양한 키워드로 인터넷 검색을 활용한다는 것을 깨달았습니다.

그러한 상황에 대응하려면 다양한 검색 키워드를 염두에 두고 정보를 제공해야 합니다. 유튜브가 없었던 시절에 그러한 역할을 했던 것은 홈페이지와 블로그입니다. 홈페이지와 블로그 기사를 많이 만들고, 거기에 검색 키워드를 포함시키면, 인터넷 검색에서 다양하고 많은 검색 키워드에 대응할 수 있었습니다.

그런데 이 방식에는 한 가지 큰 문제가 있습니다. 경우에 따라서는 100페이지가 넘는 대량의 페이지를 만드는 것이, 바쁘게 일하는 중소기업 경영자에게 있어 현실적으로 어려운 일이며, 가령 외부 업자에 위탁한다고 해도 거액의 비용이 발생한다는 것입니다.

그러한 고민을 갖고 있을 때쯤, 저는 유튜브를 알게 되었습니다. 다양하고 많은 검색 키워드에 대응할 수 있는 정보 제공 툴로써, 홈페이지나 블로그가 아니라 유튜브를 활용하면, 바쁜 중소기업 경영자라도 검색 대책을 실천할 수 있다고 생각했습니다.

저는 2011년 봄부터 알고 지내던 경영자에게 유튜브 대량 업로드를 시험해보게 했습니다. 제가 사는 이바라키현에서 부기 교실을 경영하는 분에게 시험적으로 1년에 1,500개의 유튜브 동영상을 업로드하게 했습니다. 그 결과, 부기 자격을 취득하고 싶어 하는 사람들이 유튜브를 통해 많은 문의를 주었으며, 제가 세운 가설이 옳았음이 증명되었습니다.

그 후로도 그 가설의 정확도를 높이기 위해, 많은 경영자에게 유튜브 대량 업로드를 하게 했고, 계속되는 실적 악화로 고민하던 경영자를 유튜브 하나로 살려냈습니다. 그러한 시책을 10년 가까이 지속한 결과, 총 천억 원의 매출 향상을 도울 수 있었습니다.

제가 지난 10년 동안 지도해온 기업, 개인 사업주 중에서 총만 개 이상의 영상을 올린 사람들은 앞서 말한 (유)와지마 칠기 불단점의 나가타 사장님을 포함해 5명입니다. 천 개 이상의 영상을 올린 사람의 수는 수백 명에 이릅니다.

이처럼 유튜브 동영상을 대량으로 업로드함으로써 다양한 키워드를 통한 구글 검색 결과에 자신의 동영상이 많이 표시되게 해 인터넷에서의 노출량을 확대하는 것이 '유튜브 비즈니스 활용'을 통해 성공한 사람들이 한 일입니다.

한편, 유튜버의 업로드 스타일은 일주일에 몇 개 정도입니다. 양보다는 질을 위주로 하는 거죠. 이러한 적은 수의 질 높은 동영상을 업로드하는 스타일은, 적은 수의 동영상에 대해 소수의 시청자가 어느 정도 관심을 나타낼 수는 있지만, 짧은 시간 안에 폭발적으로 기업의 실적을 향상할 수는 없습니다.

(유)와지마 칠기 불단점의 나가타 사장님은 3년 동안 1,500개라는 압도적인 수의 동영상을 올렸기 때문에 인터넷에서의 노출량을 늘렸으며, 큰 성공을 거둘 수 있었던 것입니다. 만약 그분이 일주일에 몇 개씩 3년 동안 150개 정도의 동영상만 올렸다면, 짧은 기간 안에 실적을 2배로 만드는 큰 성과를 거둘 수는 없었을 것입니다. '유튜브 비즈니스 활용'의 근간에는 제2장에서 자세히 설명할 롱테일이라는 개념이 있으며, 그 때문에 대량 업로드가 필수 조건이라 할 수 있습니다.

다음으로 유튜브 업로드에 있어 중요시해야 하는 포인트입니다. 유튜버는 동영상이나 섬네일을 편집하는 등 연출적인 면을 중시합니다. 그 결과, 고객층을 불문하고 어쨌든 많은 사람의 눈을 끌어 조회 수를 늘리는 것에 주안점을 두고 있습니다.

그런데 '유튜브 비즈니스 활용'은 제2장에서 자세히 설명하는 것처럼 제목을 중시합니다. 제목에 유의해 세계 최대의 검색 엔진인 구글과 세계 2위의 검색 엔진인 유튜브 내 검색 결과에서 자신의 동영상을 상위에 표시하는 것을 가장 큰 목적으로 하기 때문입니다. 조회 수에 대한 개념도 완전히 다릅니다. '유튜브 비즈니스 활용'은 자사의 예상 고객층 및 예상 지역의 시청자가 시청하도록 만듭니다.

예를 들어, 도쿄도 하치오지시의 주택 회사의 유튜브라면, 해당 지역 주변의 주택을 구입할 예정인 사람들이 시청하는 것을 목표로 하며, 일본 전국 각지의 초등학생 만 명이 시청하는 것은 아무런 의미가 없을 것입니다. '빈약한 100뷰보다 강력한 10뷰'가 '유튜브 비즈니스 활용'의 조회 수에 대한 기본적인 개념입니다.

이러한 차이에 대해 정리해보겠습니다. 먼저, 유튜버적인 활용은 아무래도 연예인이나 스포츠 선수와 같은 유명인에게 맞는 활용 방식입니다. 중소기업이나 개인 사업주는 어디까지나 '유튜브 비즈니스 활용'의 기본을 따라 업로드해야 합니다.

유튜버와 '유튜브 비즈니스 활용'의 5가지 차이점은, 일부공개에 대한 개념입니다. 유튜브에는 일반공개, 일부공개, 비공개라는 3가지 공개 방식이 있습니다. 일반적으로는 전 세계의 시청자가 볼 수 있는 일반공개 모드로 동영상을 올리지만, 제3장과 제4장에서 자세히 설명하는 것처럼 '유튜브 비즈니스 활용'에서는 특정한 유망고객이나 고객을 한정해 하나의 동영상을 전달하는 일부공개 모드를 많이 사용합니다.

저 역시 유튜브 일부공개 모드를 비즈니스에서 잘 활용하고 있습니다. 예를 들어, 이전에 당사가 주최했던 세미나에서는 100명이 넘는 사람이 참가 신청을 했습니다. 그때 저는 100명이 넘는 모든 신청자에 대한 감사 메시지 동영상을 개별적으로 만들어, 일부공개 모드로 유튜브에 업로드한 다음, 그 동영상의 URL을 개별적으로 보냈습니다. 물론 동영상의 내용은 신청자의 이름을 부르고, 신청자의 사업 내용 등을 고려한 간단한 조언 정도였습니다.

그러한 약간의 수고를 해서 만든 감사 메시지를 개별적으로 보낸 결과, 원래는 몇 명 정도는 당일에 취소하기도 하지만, 그때만큼은 당일 취소가 한 건도 없이 세미나를 개최했습니다. 또한 세미나가 끝난 후에 다시 한번 참가자 전원에 대한 개별적인 감사 메시지를 녹화한 다음 일부공개 모드로 업로드하고 개별적으로 주소를 알려주었습니다. 그 결과, 세미나 참가자 중 많은 사람이 당사의 유료 컨설턴트 서비스를 신청했고, 거액의 매출을 올릴 수 있었습니다.

만약 유튜브 일부공개 모드를 활용하는 이러한 방법을 몰랐다면, 저는 한 번의 세미나를 통해 이만한 큰 성과를 거두지는 못했을 것입니다. 일부공개 모드는 일반적으로는 별로 알려져 있지 않지만, 영업 활동에서의 클로징이나 기존 고객 관리에서 효과적으로 활용할 수 있는 훌륭한 기능이라고 할 수 있습니다.

유튜버는 일반공개만 활용하므로, 일부공개를 활용하겠다는 발상 자체를 하지 못합니다. 이처럼 유튜버와 '유튜브 비즈니스 활용'은 완전히 다른 성질을 가지고 있습니다.

앞으로 지금의 100배에 달하는 통신 속도를 실현한다는 5G(제5세대 이동통신 시스템)가 일본에 보급되면, 스마트폰을 사용해 유튜브를 활용하는 사람들이 더욱더 많아질 것입니다. 하지만 나아가야 할 방향을 잘못 잡으면 여러분의 입장에 맞는 성과를 결코 얻을 수 없습니다. 잘못된 유튜브 시책은 단순한 시간 낭비에 그치게 될 수 있습니다.

우리 경영자들은 취미나 오락을 위해 유튜브를 활용해서는 안 됩니다. 고객이 좋아할 만한 상품, 서비스를 제공하고, 그 대가를 받으며, 그 결과 소중한 회사, 사원, 가족을 지키기 위해서 유튜브를 활용하십시오.

운 좋게 이 책을 읽게 되신 독자 여러분은 막연하게 유튜버와 같은 활용 방식을 취하는 것이 아니라, 이러한 차이점을 정확하게 이해하고 짧은 시간 안에 최대한의 매출을 얻을 수 있는 이미 실증이 완료된 '유튜브 비즈니스 활용'의 세계에 발을 들여놓으시기 바랍니다.

유튜브 비즈니스 활용과 유튜버의 5가지 차이점

구분	유튜브 비즈니스 활용	유튜버
목적	매출, 문의 건수 증가	광고 수익
업로드 스타일	대량 업로드/초대량 업로드	정기적인 업로드
중시하는 점	제목	편집/섬네일
조회 수	빈약한 100뷰보다 강력한 10뷰	가장 중요함
대상	중소기업/비즈니스	유명인
일부공개	최대한 활용	활용 안 함

앞으로의 매출을
2배로 만드는 방정식은
고객 유지형과
성약 중시형이다

신종 코로나 바이러스의 감염 확대로 인해 제가 시장의 동향을 보면서 느끼는 것은, 확실히 시장이 축소되고 있다는 점입니다. 많은 소비자가 미래에 대한 불안함으로 인해 상품을 구매하는 행위에 대해 소극적입니다. 특히 집이나 자동차와 같은 고액의 상품을 구매하려면 장기 대출을 받아야 해서 더욱 신중해지고 있습니다.

당연히 일본의 기간 산업인 건축, 건설, 자동차 관련 시장이 축소되면, 그 주변 업계뿐 아니라 경기 동향 자체에도 영향을 미치는 광고, 식당 등의 업계까지 큰 타격을 입게 됩니다. 이러한 시장 축소 시대에는 그에 맞는 적절한 영업 전략이 필요합니다. 시장 축소 시대에는 신규 고객을 예전처럼 많이 만들어낼 수 없습니다. 하지만 우리 경영자는 이러한 상황 속에서도 매출, 이익을 확보해야

만 합니다.

우리 중소기업 경영자들은 기존과는 다른 가치관을 가지고 영업 전략을 구축해야 합니다. 그와 동시에 이 책의 주제이기도 한 비접촉, 비대면 영업 스타일도 추구해야 합니다. 그런 의미에서 우리는 시대의 큰 전환점에 서 있다는 사실을 인식해야 합니다. 시장 축소 시대에 우리가 매출, 이익을 확보하려면 고객 의존형 영업 전략에서 벗어나 성약률, 소개율, 재구매율을 중시하는 영업 전략으로 전환해야 합니다.

영업 활동의 주요 3가지 상황은 '고객 모집', '클로징', '고객 관리'입니다. 제가 일본 전국 각지에서 연간 120회씩 등단하는 강연 활동을 통해 약 6천 명의 경영자와 대화하다 보면, 그들 대부분은 영업 활동에 3가지 상황이 존재한다는 사실을 모른 채 '고객 모집=영업 활동'이라는 잘못된 인식을 갖고 있습니다. 이러한 잘못된 인식을 가지고 영업 활동을 하는 경영자는 가까운 미래에 큰 어려움에 직면하게 됩니다.

한편 그러한 경영자와는 달리 성약률과 소개율, 재구매율을 중시하는 영업 전략을 펼치는 경영자는 앞으로의 혼란스러운 시대 속에서도 착실하게 매출을 얻을 수 있을 것입니다.

그래서 꼭 에도 시대의 상인이 중요하게 생각했던 매출 장부에 대해 말씀드리고 싶습니다. '화재와 다툼은 에도의 꽃'이라고 말할 정도로, 에도의 거리는 화재가 많았다고 합니다. 그러한 에도의 포목점은 화재가 발생하면 제일 먼저 장부를 들고 나와 그것을 우물에 던졌다고 합니다. 상품인 옷감이 불에 탈지언정 장부만큼은 갖고 나왔던 겁니다.

그 장부에는 특수한 가공이 되어 있어서, 먹으로 쓴 글자가 물에 젖어도 번지지 않는다고 합니다. 그리고 화재가 그치면 우물에서 장부를 건져 올려 장부에 기록된 거래처를 하나씩 방문했다고 합니다. 분명 그렇게 찾아간 고객들은 옷이 필요할 때 그 포목점에서 상품을 구입했을 겁니다.

이는 장사에서 가장 중요한 것은 언제나 신규 고객을 얻으려 노력하는 것이 아니라 기존 고객과 오래도록 거래하는 것임을, 시대를 넘어선 우리가 깨닫도록 도와주는 에피소드라고 할 수 있습니다.

또한, 사람과의 만남의 중요성을 인식하도록 돕기 위해 제가 주최하는 경영 학원 '비즈니스 타이거'에서 수강생들에게 종종 소개하는 것으로 '야규가의 가훈'이 있습니다. 그것은 도쿠가와 장군의 집에서 검을 지도하던 야규가에 전해져 내려오는 가훈으로, 야규 무네노리가 한 말입니다. 그것은 다음과 같습니다.

"재능이 적은 사람은 인연을 만나도 인연을 깨닫지 못하고, 재능이 적당한 사람은 인연을 깨달아도 인연을 활용하지 못하고, 재능이 큰 사람은 옷깃만 스친 인연까지도 활용한다."

한 번 맺은 인연을 소홀히 하지 말고 소중히 하는 자세야말로, 인생의 모든 장면에서 위력을 발휘합니다. 이를 현대의 우리 경영 환경에 적용해서 생각해보시기 바랍니다.

"삼류 경영자는 고객과의 인연을 경시해 항상 신규 고객을 얻고자 한다. 이류 경영자는 고객과의 인연의 소중함을 알면서도 항상 신규 고객을 얻고자 한다. 일류 경영자는 기존 고객을 가장 중요하게 생각한다."

여러분은 이 중 어디에 속한 경영자입니까? 우리는 지금처럼 혼란스러운 시대 속에서도 에도 시대에서부터 전해 내려오는 이러한 에피소드나 귀중한 말의 의미를 곱씹어 경영에 활용해야 합니다. 유튜브는 위력 있는 도구이긴 하지만, 그것을 제대로 사용할지, 말지는 나 자신에게 달린 일입니다. 다시 한번 말하지만, 한 번 연을 맺은 고객을 대하는 방식에 대해, 스스로 검토해보시기 바랍니다.

이제 매출을 올리는 3가지 요소를 분석해 기존 고객 유지의 중요성을 이해하도록 합시다. 매출을 올리는 3가지 요소는 '고객 수', '객단가', '재구매/소개'입니다. 이러한 3요소를 골고루 향상시키면서 매출을 2배로 만들어나가고 싶다면, '고객 수', '객단가', '재구매/소개'의 각 요소를 전년도에 비해 1.26배로 만들면 됩니다.

1.26배를 세 번 곱하면 2가 되기 때문입니다. 이처럼 3요소를 균일하게 향상시켜 매출을 배로 증가시키는 패턴을 '밸런스형'이라고 합니다.

이와는 달리 '고객 모집'을 전년도에 비해 2배로, '객단가'와 '재구매/소개'는 전년도와 동일하게 유지하게 되면, 2×1×1이 되어 역시 2가 됩니다. 즉 매출이 2배가 되는 겁니다. 그런데 시장 축소 시대에 고객을 2배로 모집하는 것은 결코 쉬운 일이 아닙니다. 현실적으로는 이러한 '고객 의존형' 영업 전략은 앞으로 점점 더 어려워질 것입니다.

이러한 '밸런스형' 또는 '고객 의존형'과는 달리, 제가 권장하고 싶은 형식은 '고객 유지형' 영업 전략입니다. 이것은 '고객 수'와 '객단가'를 전년도와 동일하게 유지하면서 '재구매/소개'를 2배로 만드는 것입니다. 결과는 마찬가지로 매출 2배지만, 고객을 모집하기가 어려워지고 있는 시대에도 접근하기 쉬운 요소에 호소해 매출을 2배로 만든다는 것이 '고객 유지형'의 특징입니다.

제가 주최하는 경영 학원 '비즈니스 타이거'에서도 이처럼 2배가 된 매출을 인수 분해해 비교적 접근하기 쉬운 재구매율 향상 및 소개율 향상을 중점적으로 실천하게 해 단기간에 실적을 향상시킨 다수의 수강생을 배출할 수 있었습니다.

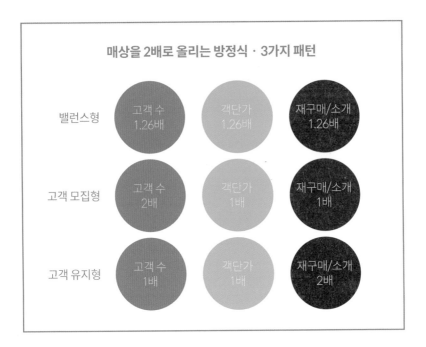

매상을 2배로 올리는 방정식 · 3가지 패턴

밸런스형	고객 수 1.26배	객단가 1.26배	재구매/소개 1.26배
고객 모집형	고객 수 2배	객단가 1배	재구매/소개 1배
고객 유지형	고객 수 1배	객단가 1배	재구매/소개 2배

다음으로, 영업 전략을 다른 관점에서 분해해 생각해봅시다. 영업 활동의 전반전을 '고객 모집', 후반전을 '성약 클로징'으로 생각해 두 부분으로 나누어 보겠습니다.

'고객 중시형' 영업 전략의 경우에는 고객 모집을 전년도 대비 2배, 성약률을 전년도와 동등하게 유지합니다. 즉 2×1로서 매출이 2배가 되는 겁니다. 그리고 '성약 중시형'은 고객 모집은 전년도와 비슷하게 하면서 성약률을 전년도 대비 2배로 만드는 것입니다. 이것도 1×2이므로 매출은 똑같이 2배가 되지만, 고객을 모집하기 어려운 시대에 성약률을 높이는 데 초점을 맞춘 전략이라고 할 수 있습니다.

고객을 모집하려면 비용이 들어가며, 성과에도 불확실성이 따릅니다. 이에 반해 성약률을 2배로 만드는 것은, 이 책의 제3장에서 자세히 설명하겠지만, 적절한 단계를 밟아 착실하게 수행하면 비교적 안정적인 성과를 거둘 수 있습니다. 게다가 '성약 중시형' 영업은 비용도 비교적 적게 들이면서 영업 사원의 스킬에 의존하지 않고 안정적으로 성과를 거둘 수 있기 때문에 업종이나 규모에 상관없이 모든 기업이 취할 수 있는 경영 전략이라고 할 수 있습니다.

고객과 문의 건수를 크게 증가시키기가 점점 더 어려워지는 상황 속에서 자사에 들어온 귀중한 한 건의 문의를 착실하게 길러내 신뢰관계를 형성하고, 최종적으로는 성약에 이르게 하는 과정을 구축하는 것이야말로 앞으로의 시대에 요구되는 전략이라고 할 수 있습니다.

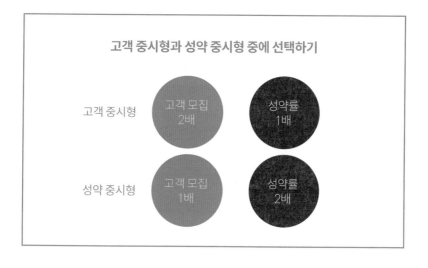

클로징 대책을 소홀히 해 실적이 악화된 한 결혼식장의 사례를 소개하겠습니다. 그 결혼식장에서 매달 개최하는 웨딩 페어라 불리는 이벤트에 매번 10쌍의 커플이 참가했습니다. 하지만 이벤트 다음 날부터 취해야 하는 구체적인 영업 사원의 행동 기준과 접근 방식이 정해져 있지 않았기 때문에, 영업 사원 개인의 직감에 의존하는 자기만의 방식으로 클로징을 실시했고, 그 결과 평균 한 쌍밖에 성약을 이루지 못했습니다.

업계의 평균에 비해 자사의 성약률이 어느 정도 수준인지 알아보는 방법이 있습니다. 바로 유망고객에게 설문조사를 해 몇 개의 후보 중에서 한 곳을 선택하는지 물어보는 겁니다. 마찬가지로 인터넷상에 있는 업계 정보 등을 통해 데이터를 찾아도 됩니다. 참고로 결혼식 업계의 데이터에 따르면, 결혼식을 올리는 커플 한 쌍당 평균 약 세 곳의 결혼식장을 후보로 놓고 이벤트에 참가하며, 그중 한 곳을 선택한다고 합니다. 이러한 데이터를 보면 결혼식장이 목표로 해야 하는 성약률이 최소 30~35%임을 알 수 있습니다. 그런데 실적이 악화된 이 결혼식장은 10쌍 중 1쌍만 성약이 이루어지기 때문에 업계 평균의 3분의 1도 되지 않는 10%라는 것을 알 수 있습니다.

이 결혼식장이 개선해야 할 점은 이벤트에 오는 고객을 2배로 모집하는 것이 아니라, 업계 평균의 3분의 1밖에 안 되는 성약률을 개선해 최소 업계 평균에 해당하는 30%로까지 성약률을 끌어올리는 것입니다. 이처럼 고객 모집에만 의식을 기울인 나머지, 그다음에 있을 클로징 전략을 세우지 않는 기업이 많습니다. 여러분도 자신의 업계 평균 성약률을 알기 위해 유망고객에게 설문조사를 하거나 인터넷상의 업계 정보 등을 통해 유망고객이 몇 개의 후보 중에서 한 곳을 선택하는지 데이터를 찾아보시기 바랍니다. 반드시 '고객 유지형' 또는 '성약 중시형'과 같은 현재의 상황에 적합한 영업 패턴을 의식하고, 전략적인 도구로서 유튜브를 활용하시기 바랍니다.

다음 장부터는 유튜브를 활용하는 '고객 모집', '클로징', '고객 관리'에 대한 구체적인 해설이 이어집니다.

제2장

'유튜브 고객 모집'을 이해해 양질의 유망고객을 10배로 만들자!

'전략적 유튜브 고객 모집'은
세 방향에서
유망고객이 몰려든다

이 장에서는 영업 활동의 3요소 중 하나인 '고객 모집'을 유튜브를 사용해 실현할 수 있고, 자택에서도 실천할 수 있는 구체적인 방법에 대해 말씀드리겠습니다.

고객 모집이란 실제 점포라면 특히 고객이 처음으로 가게를 방문하거나 회사를 방문하는 일을 가리킵니다. 인터넷 고객 모집에서는 자사 사이트의 문의 양식을 통해 처음으로 고객이 문의를 보내거나, 다양한 소셜 미디어를 통해 문의 메시지를 받는 것을 의미합니다. 형태의 차이는 있지만, 고객 모집이란 처음 만나는 고객과 처음으로 접점을 갖는 기회를 만드는 것이라 정의할 수 있겠습니다.

제1장에서 설명한 것처럼 '유튜브 비즈니스 활용'과 유튜버의

전략 및 시책에는 큰 차이가 있습니다. 자사가 제공하는 유튜브 동영상에 어떠한 경로를 거쳐 방문하는지 역시 당연히 차이가 있습니다.

여기서는 먼저 '유튜브 비즈니스 활용'과 유튜버의 큰 차이점인 자사의 유튜브 동영상으로의 유입 경로에 대해 설명하겠습니다. 유튜버의 경우, 먼저 스마트폰의 유튜브 앱이나 컴퓨터의 유튜브 화면 안에서 사용자가 관심 있는 단어를 입력하고, 표시되는 유튜브 동영상을 시청하는 경우가 많습니다. 상품, 서비스를 구입하기 위한 정보 수집뿐 아니라 유튜브를 오락을 위해 시청하는 사용자일수록 유튜브 동영상 안에 머무르는 시간이 길어집니다.

한 조사에 따르면, 한 명의 시청자가 유튜브에 머무는 시간은 하루 평균 11분 24초라고 합니다. 하지만 2년 전인 2018년에는 8분 41초였던 것을 생각하면, 최근 2년 사이 3%나 이용 시간이 증가했음을 알 수 있고, 앞으로 5G가 보급되면 이러한 경향이 더욱 강해질 것으로 예상됩니다.

또한 유튜버의 주요 타깃인 취미 및 오락을 위한 동영상을 즐기는 시청자는 유튜브 동영상 시청 화면 옆에 나타나는 관련 동영상을 보면서 다양한 동영상을 시청합니다. 특히 별다른 목적 없이 유튜브 내에서 막연하게 동영상을 시청하는 '시간 떼우기형 시청자'에게서 이러한 경향을 볼 수 있습니다.

그에 반해 '유튜브 비즈니스 활용'의 경우에는, 유입 경로에 큰 특징이 있습니다. 먼저 '유튜브 비즈니스 활용'의 경우에는 유효한 문의로 이어질 수 있는 유망고객의 유입 경로가 3가지가 있습니다. 게다가 그 3가지 유입 경로는 유망고객의 검색 주제 및 니즈를 크게 반영한 것이기 때문에 자사에서 제공하는 유튜브 주제에 맞는 성약 확률이 높은 유망고객의 액세스를 획득할 수 있습니다.

'유튜브 비즈니스 활용' 시 자사 유튜브 동영상으로 유입하는 3가지 유입 경로는 다음과 같습니다.

1. 구글 검색을 통해 자사의 유튜브 동영상에 액세스한다.
2. 유튜브 내 검색을 통해 자사의 유튜브 동영상에 액세스한다.
3. 페이스북, 트위터, 블로그 등 다양한 SNS를 통해 자사의 유튜브 동영상에 액세스한다.

첫 번째 유입 경로는 구글 검색을 통해 자사의 유튜브 동영상에 액세스하는 것입니다. 말할 것도 없이 세계 최대의 검색 엔진은 구글입니다. 일본에서 이용자가 많은 검색 엔진인 'Yahoo! JAPAN'은 2010년 12월부터 구글의 검색 엔진을 채용하고 있으므로, 'Yahoo! JAPAN'의 검색 결과도 야후와 관련된 서비스 정보를 제외하면 거의 구글과 같습니다. 이 점을 통해, 일본의 검색 엔진은 사실상 구글이 지배하고 있다고 해도 과언이 아닙니다.

제1장에서 소개한 (유)와지마 칠기 불단점의 나가타 사장님이

나 ㈜스즈키의 스즈키 사장님이 올린 동영상 등 전략적인 유튜브 동영상이 구글 검색 상위에 여러 해 동안 표시되는 가장 큰 이유는 유튜브가 구글의 산하 서비스이기 때문입니다. 지금까지의 20년에 이르는 인터넷 역사에 있어서 주역을 맡아왔던 구글은 앞으로도 그 세력을 유지해 검색 엔진의 주역으로서 인터넷 세계에 군림할 것입니다. 그와 동시에 그 산하에 있는 유튜브의 존재감도 앞으로 더욱더 증가하게 될 것입니다.

두 번째 유입 경로는 유튜브 내 검색을 통해 자사의 유튜브 동영상에 액세스하는 것입니다. 이것은 얼핏 유튜버가 대상으로 삼는 취미 및 오락을 위한 시청자와 같은 유통 경로인 것처럼 보이지만, '유튜브 비즈니스 활용'의 경우에는 그 특성이 좀 다릅니다. '유튜브 비즈니스 활용'의 경우, 유망고객이 구글 검색 등으로 조사한 기업이나 상품, 서비스에 대해 더 자세한 정보를 알고 싶어서 유튜브에 접속하는 경우가 많습니다.

예를 들어, 자택의 외벽을 리모델링하려는 유망고객이 어떤 외벽 리모델링 회사의 사이트를 구글 검색을 통해 찾았다고 해보겠습니다. 그 회사의 사이트에는 기업 정보나 최신 시공 실적 등의 정보가 기재되어 있지만, 그 유망고객은 그러한 표면적인 정보에 만족하지 않고, 더욱 구체적이며 실제적인 정보를 얻기 위해 유튜브에 접속합니다. 그리고 그 기업의 이름이나 관련 키워드 등으로 유튜브 내에서 검색해 그 외벽 리모델링 회사의 경영자 및 직원이 어떤 사람들인지, 시공 현장은 어떤 모습인지, 기존 고객은 만족하고 있는지와 같은 회사 사이트에서는 알 수 없는 동적인 정보를 얻고자 합니다.

1분짜리 영상은 문자 정보로 변환하면 180만 자 정도의 정보 전달량을 가진다고 하며, 영상의 정보 전달력은 문자나 사진보다 5천 배의 위력을 가진다는 연구 결과가 있습니다. 즉 현대의 인터넷 사용자는 구글 검색에서 먼저 기본 정보를 얻은 다음 그 '뒷모습'을 알기 위해 풍부한 정보 전달력을 가진 영상 매체인 유튜브에서 더욱 자세한 정보를 확인하려 합니다.

세 번째 유입 경로는 다양한 SNS를 통해 자사의 유튜브 동영상에 액세스하는 것입니다. 여기서 말하는 SNS란 페이스북, 트위터, 블로그 등을 가리킵니다. 이러한 SNS는 업로드한 글 속에 유튜브 동영상을 포함시킬 수 있어, 그 글을 접한 사람은 손쉽게 유튜브 동영상에 액세스할 수 있습니다.

또한, 그 유튜브 동영상이 계기가 되어, 그 기업이 제공하는 다른 유튜브 동영상이나 회사 사이트를 찾아가거나 라인 공식 계정에 등록하는 등의 행동을 취하게 될 가능성도 있습니다.

이처럼 현재의 인터넷 사회는 유튜브를 축으로 해 다양한 SNS나 홈페이지가 상호작용하며, 사용자는 기업이 발신하는 정보를 다각적으로 접하고, 더 깊이 이해할 수 있습니다.

'유튜브 비즈니스 활용'과 유튜버의 유입 경로만 봐도 이처럼 큰 차이가 있습니다. '유튜브 비즈니스 활용'의 경우에는, 유망고객의 액세스 한 건 한 건마다 명확한 조사 목적이 있는 경우가 많으며, 그 액세스 수는 차치하고서라도, 액세스의 '질'이 높다는 점도 큰 특징이라고 할 수 있습니다.

이처럼 다양한 유입 경로를 거쳐 들어오는 '유튜브 비즈니스 활용' 동영상에는 셀 수 없을 만큼의 가치가 있습니다.

제1장에서 소개한 나가타 씨와 스즈키 씨 역시 구글 검색 결과의 상위에 큰 미리보기 이미지와 함께 자사의 유튜브 동영상이 표시됩니다. 또한, 표시된 기간을 살펴보면, 스즈키 씨는 6년 이상, 나가타 씨는 3년 이상 구글 검색 결과 상위에 표시되고 있습니다. 물론 비용은 단 10원도 들어가지 않았습니다.

구글 검색 결과에 이렇게 큰 미리보기 이미지와 함께 표시되는 정보는 유튜브 외에는 없습니다. 또한, 장기간에 걸쳐 구글 검색 결과의 상위에 자사의 정보를 표시하려면, 리스팅 광고라 불리는 키워드 연동형 광고와 같은 유료 서비스를 이용하는 수밖에 없습니다.

예를 들어, 수도권의 주택 회사가 자사와 관련된 키워드를 예상해 구글에 리스팅 광고를 걸 경우, 적어도 매달 30만 원에서 50만 원의 비용이 필요합니다. 문의가 들어오고 말고를 떠나서, 연간 수백만 원의 지출이 발생하는 것입니다. 게다가 광고를 멈춘 날부터 구글 검색에 자사의 정보가 표시되지 않습니다.

이처럼 유튜브 동영상은 10원의 비용도 들이지 않아도 구글 검색 상위에 오랫동안 미리보기 이미지까지 함께 표시되는 가치 있는 정보 제공이라고 할 수 있습니다.

또한 동영상을 올린 후에 구글 검색 결과 상위에 자사의 유튜브 동영상이 표시되기까지의 시간에도 큰 특징이 있습니다. 제가 컨설팅을 했던 기업 중에는 유튜브 동영상을 올린 후 불과 3시간 만에 구글 검색 상위에 자사의 유튜브 동영상이 표시된 적도 있습니다. 평균적으로는 동영상을 올린 후 12시간~24시간 후면 구글 검색 결과 상위에 표시되는 경우가 많은데, 어쨌든 이처럼 상위에 표시되기까지 많은 시간이 걸리지 않는다는 것도 큰 특징입니다.

사이트나 블로그를 새로 만들어도, 최근에는 구글 검색 결과 상위에 표시되기까지 여러 달이 걸립니다. 이처럼 10원도 들이지 않고 짧은 시간 안에 구글 검색 결과 상위에 표시될 수 있는 방법은 유튜브 외에는 없습니다.

이처럼 구글 검색 결과에 유튜브 동영상의 상위에 표시된다는 특징은 고객 모집의 관점에서뿐 아니라 인재를 채용하는 면에서도 동일한 효과를 발휘합니다.

저는 지금으로부터 25년 전에 이바라키현에 있는 ㈜히타치 제작소의 관련 회사에서 인재 채용을 담당했습니다. 인터넷도, 유튜브도 없던 시절, 모집 매체로 사용했던 것은 대형 구인 광고 회사가 간행하는 정보지였습니다. 매년 그 정보지에 2천만 원 정도의 비용을 들였습니다. 당시 유튜브와 같은 매체가 있었다면, 좀 더 저렴한 비용으로 우수한 인재를 효율적으로 채용할 수 있었을 것입니다.

고객 모집뿐 아니라 인재 채용에서 유튜브를 효과적으로 활용해 크게 성공을 거둔 기업도 계속해서 생겨나고 있습니다. 도쿄도 에도가와구의 경화물 운송회사 ㈜아트 프라의 요코타 히로타카 사장님은 본업인 화물 운송 업무에 있어서도 유튜브를 활용해 업계 최고의 안정적인 수주를 획득하고 있습니다. 하지만 그의 만성적인 고민은 그 화물을 운송하는 운전사를 얻는 일이었습니다. 다양한 유료 구인 매체를 사용해봤지만 좀처럼 원하는 인재를 얻을 수 없었습니다. 그래서 요코타 사장님은 인재 채용을 목적으로 유튜브를 활용하기로 했습니다.

구글에서 '에도가와구 경화물 운전사 구인 운동선수'라고 검색해보십시오. 그러면 요코타 사장님이 열심히 올리고 있는 인재 채용을 위한 유튜브 동영상이 미리보기 이미지와 함께 구글 검색 결과 상위에 표시됩니다. 구직자는 이 유튜브 동영상을 보고, 그 회사의 홈페이지에서 모집 요강을 확인한 다음 응모합니다.

요코타 사장님은 이러한 방법을 활용해 최근 2년 사이 무려 40명에 가까운 운전사를 10원도 들이지 않고 얻었습니다. 영업, 고객 모집과 같은 경영의 외부 대책뿐 아니라 인재 채용이라는 내부 대책에서도 유튜브를 사용해 균형 잡히게 경영의 문제를 해결하기 위해 노력한 좋은 사례라고 할 수 있습니다.

영업 활동에서의 고객 모집이든, 인재 채용이든, 구글 검색 결과 상위에 자신이 전략적으로 업로드한 유튜브 동영상이 표시된다는 특징을 최대한 활용하면 이렇게 기업이 가진 큰 과제를 해결할 수 있습니다.

대부분의 이용자가
착각하고 있는
유튜브의 중점 포인트

지금까지 말한 것처럼 '유튜브 비즈니스 활용'은 유튜버와 같은 활용법과는 본질적으로 다릅니다. 유튜버가 조회 수에 비례하는 광고 수익을 목적으로 하는 이상, 인터넷을 통한 문의 획득과 매출 향상을 목적으로 하는 중소기업은 완전히 다르다는 사실을 이해해야 합니다.

최근 유튜브에 눈을 뜬 다양한 기업이 동영상을 업로드하기 시작했습니다. 하지만 그들의 유튜브를 보면 대부분 유튜버의 영향을 받은 것 같습니다. 즉 기업이 취해야 하는 동영상 마케팅 전략을 이해하지 못하고, 겉으로 보이는 화려함에 호소하기만 하는 사례가 많습니다.

그래서 당시의 회사의 유튜브 시책이 유튜버와 같은 개념에서 벗어나 기업이 취해야 하는 올바른 유튜브 전략을 이해하고 있는지 확인하는 10가지 질문으로 이루어진 체크리스트를 준비했습니다. 여러분 회사의 유튜브 시책과 비춰보고 확인해보시기 바랍니다.

'유튜브 비즈니스 활용' 위험도 체크리스트

No.	체크내용	확인
1	유튜브 동영상의 끝부분에서 채널을 구독해달라고 한다.	
2	유튜브 동영상의 끝부분에서 '좋아요'를 눌러달라고 한다. 또한 '좋아요'가 많으면 기분이 좋다.	
3	업로드 후 한 달이 지나도 조회 수가 10이면 기분이 안 좋다.	
4	미리보기 이미지를 편집하는 데 시간과 비용을 들인다.	
5	동영상을 편집하는 데 시간과 비용을 들인다.	
6	동영상을 기획하는 데 몰두해 시간을 다 뺏긴다.	
7	업로드하는 동영상의 길이가 모두 10분이 넘는다.	
8	동영상 제목에 회사명과 상호를 포함시킨다.	
9	동영상 제목에 시청자의 눈길을 끄는 선전 문구가 들어간다.	
10	동영상에 자막을 많이 넣지 않으면 불안하다.	

어떤가요? 여러분의 유튜브 시책은 이러한 10개의 질문 중에서 몇 가지 항목에 해당되나요? 답을 말씀드리자면, 해당되는 항목이 하나라도 있다면, 큰 매출, 이익을 낳는 '유튜브 비즈니스 활용'이 아니라 유튜버와 같은 개념에 빠져 있을 수 있습니다.

이러한 10가지 질문에 대한 답이 모두 'X'라면 좋겠지만, 절반인 5개 이상 해당된다면 매우 유튜버와 같은 개념에 물들어 있는 것이므로, '유튜브 비즈니스 활용'을 실천하기에는 매우 잘못된 인식을 갖고 있는 것이라 할 수 있습니다.

이 장을 다 읽었을 때쯤이면, 여러분은 이 10가지 항목이 왜 적합하지 않은지에 대해 이해하게 될 것입니다. 하지만 여기서는 먼저 '유튜브 비즈니스 활용'이 가장 역점을 두고 있는 중요한 포인트에 대해 말씀드리겠습니다.

구글 검색이나 유튜브 검색에서 자신의 유튜브 동영상이 상위에 표시될지, 말지는 조회 수나 채널 구독자, 좋아요 개수와는 아무런 관련이 없습니다. 하물며 구글과 같은 검색 엔진의 AI는 미리보기 이미지나 동영상 편집을 분석하거나 평가할 수 없으며, 검색 순위에 아무런 영향도 미치지 못합니다. 현재의 구글은 '이 유튜브 동영상의 미리보기 이미지가 멋지다'와 같은 수준의 분석만 할 수 있을 뿐입니다. 다만 한 가지, 구글 또는 유튜브 검색 순위에 영향을 미치는 요소는 그 유튜브 동영상의 제목이 어떠한가 하는 것입니다.

앞선 인재 채용 성공 사례에서 소개한 경화물 운송회사 ㈜아트 프라의 요코타 사장님이 만든 유튜브 동영상을 예로 들어보겠습니다.

요코타 사장님이 올린 유튜브 동영상의 길이는 2분 40초 정도입니다. 그리고 배경 음악이나 자막 등의 편집은 전혀 하지 않았습니다. 또한, 동영상에서 채널 구독이나 '좋아요'를 눌러 달라는 이야기도 하지 않습니다. 하지만 그의 유튜브 동영상은 오랫동안 구글 검색 결과 상위에 표시되고 있습니다. 여기서 이 유튜브 동영상의 제목에 주목하시기 바랍니다. 동영상의 제목은 '에도가와구 운전자 구인 운동선수의 재취직' 등입니다. 요코타 사장님은 구글에서 검색하는 구독자가 어떤 키워드로 검색할지 먼저 읽어내고, 그런 키워드를 동영상의 제목에 포함시킵니다.

이러한 유튜브 동영상의 제목에 회사명이나 선전 문구를 넣을 필요는 없습니다. 왜냐하면 구글에서 검색하는 사람들은 검색창에 선전 문구나 그 회사의 명칭, 상호를 입력하지 않기 때문입니다. 선전 문구는커녕 자사의 이름마저 모르는 사람이 자사를 찾아볼 수 있도록 하는 것이 구글 검색 엔진이라는 점을 이해하면, 당연히 유튜브 제목에 회사명이나 상호를 넣을 필요가 없음을 깨닫게 될 것입니다. 그러므로 유튜브의 제목에는 선전 문구나 자사의 기업명 등을 넣지 말고, 고객의 관점에서 생각할 만한 키워드를 넣는 것이 가장 중요합니다.

고객의 관점에서 효과적인 키워드를 제목에 포함시키는
(주)아트 프라의 요코타 사장님의 유튜브 채널

저는 일본 전국 각지의 중소기업 경영자를 대상으로 '유튜브 비즈니스 활용'을 지도하는 컨설팅 서비스를 제공하고 있는데요. 상담을 받는 경영자가 유튜브의 전략적인 활용에 대해 얼마나 많이 이해하고 있는지는, 그들이 올린 유튜브 동영상의 제목을 보면 알 수 있습니다.

그만큼 유튜브 제목은 기업이 얼마나 '유튜브 비즈니스 활용' 전략을 이해하고 있는지를 드러내는 지표이며, '유튜브 비즈니스 활용'의 성패를 좌우하는 가장 중요한 포인트라고 할 수 있습니다.

일본 전국의 경영자들이 자주 하는 질문 중 하나는 이것입니다. 바로 "유튜브 제목이 중요하다는 건 알겠는데, 편집하지 않은 짧고 간단한 동영상을 계속 올리면 기업의 신뢰도를 떨어뜨리는 건 아닐까요?"라는 것입니다.

하지만 잘 생각해보십시오. 고객의 기업에 대한 신뢰는 동영상에서 흘러나오는 BGM이나 자막과 같은 편집이나 연출을 통해 생기는 것이 아닙니다. 지금까지 소개한 한 대에 천만 원이 넘는 불단을 판매하는 나가타 사장님이나 1억 원도 넘는 공작기계를 판매하는 스즈키 사장님에 대한 신뢰가 이러한 간단한 동영상으로 인해 사라졌을까요?

아뇨, 오히려 반대입니다. 회사에 대한 진정한 신뢰는 유튜브 동영상의 편집이나 연출 등을 통해 얻어지는 것이 아니라, 경영자가 카메라 앞에 서서 성실한 메시지를 말함으로써 얻어지는 겁니다. 그들이 간단한 유튜브 동영상을 통해 실적을 몇 배나 성장시키고, 많은 고객에게 지지를 받는다는 사실이 그 증거입니다.

고객의 신뢰를 얻는 것의 본질을 이해한다면, 그러한 의문을 가지지 않을 것입니다. 하지만 그러한 사소한 의문이 '유튜브 비즈니스 활용'을 실천하는 데 심리적인 걸림돌이 되는 경우가 많이 있었습니다.

이 책을 읽는 분들은 고객이 기업에 대해 갖는 신뢰의 본질을 이해해 유튜브 전략을 앞서 성공한 사람들을 따라가기 바랍니다.

그럼 다음 페이지부터 '유튜브 비즈니스 활용'의 성패를 좌우하는 가장 중요한 포인트 중 하나인 제목에 대해 자세히 말씀드리겠습니다.

성패를 좌우하는
유튜브의 '제목'

저는 평소에 유튜브 전략을 통해 실적을 향상하려는 경영자들에게 컨설팅을 하거나 기업 연수를 합니다. 그때 가장 많은 시간을 사용해 지도하는 중점적인 테마가 바로 유튜브의 제목입니다. 즉 각각의 유튜브 동영상에 어떤 제목을 붙이는가에 따라 유튜브 고객 모집의 성공을 80% 이상 좌우한다고 해도 과언이 아닙니다. 이 책에서 소개한 모든 성공 사례에서 구글 검색 및 유튜브 검색에서 상위에 표시되는 가장 큰 요인은 유튜브 제목입니다.

그렇다면 왜 구글이 유튜브 제목을 중시해 검색 순위를 결정하는 것인지 말씀드리겠습니다. 구글은 당연히 로봇형 검색 엔진입니다. 사람의 두뇌가 아니라 구글의 대형 컴퓨터가 검색 순위를 결정하는 요인(알고리즘)에 따라 인터넷상의 정보를 정밀하게 조사하고, 그런 다음 검색 키워드에 맞는 정보에 순위를 매겨 표시합니다. 따라서 구글이라는 로봇이 무엇을 중시해 검색 순위를 결정하는지 그 특징과 버릇을 이해하는 것이 구글 검색 대책을 펼치는 데 있어 성공하는 최고의 지름길입니다.

저는 인터넷 전문가로서 20년 이상 활동해오면서 구글을 보다 보니, 구글의 검색 순위 결정 방식에 대해 흥미로운 점을 깨달았습니다. 바로 구글의 검색 순위 결정 기준은 시대에 따라 어느 정도 트렌드의 변화가 있기는 하지만, 구글 자체는 일관되게 인터넷상의 모든 정보의 제목을 중시해 검색 순위를 결정한다는 것입니다.

인터넷상의 정보들의 제목이란 홈페이지나 블로그, 유튜브 등 각각의 정보에 대응해 설정되는 프로그램상의 제목을 뜻합니다. 쉽게 말하면, 여러분이 인터넷을 통해 정보를 열람할 때 화면의 제일 위쪽에 표시된 글이 바로 제목입니다.

예를 들어, 당사의 홈페이지를 예로 들자면, 브라우저에서 열람할 경우 탭을 보면 '유튜브 컨설턴트 인터넷 컨설턴트 주식회사 암즈에디션'이라고 표시됩니다. 이 부분이 제목이며, 기본적으로는 인터넷상의 모든 정보에 이러한 제목이 설정되어 있습니다.

필자의 공식 사이트의 제목.
'유튜브 컨설턴트 인터넷 컨설턴트'라는 키워드가 포함되어 있다.

그리고 구글에서 '유튜브 컨설턴트 인터넷 컨설턴트'라고 검색하면, 당사의 홈페이지가 구글 검색 결과 상위에 표시됩니다. 이처럼 특정 키워드로 구글 검색 결과 상위를 노린다면, 유튜브뿐 아니라 홈페이지와 블로그 등 각각의 페이지 제목을 확인하고 필요하다면 다시 설정해야 합니다.

구글은 이처럼 인터넷상 정보의 제목을 검색 순위를 결정하는 가장 중요한 요인으로 삼습니다. 따라서 우리는 유튜브뿐 아니라 모든 발신 정보의 제목을 검색 키워드에 맞춰 설정해야 합니다.

먼저 앞으로 유튜브 고객 모집을 시작하실 분들에게 하고 싶은 말은 유튜브 제목에 구글 검색 및 유튜브 검색에서 유망고객이 검색할 만한 키워드를 포함시켜야 한다는 것이며, 유튜버들이 사용할 만한 단순히 관심을 끌기 위한 제목을 피하고, 자신의 비즈니스를 상징하는 키워드를 분석해 설정하라는 것입니다.

유튜버가 흔히 사용하는 '선전을 위한' 키워드는 다음과 같습니다.

유튜버가 생각할 만한 유튜브 제목에 사용되는 키워드

충격적인 결말	설마 했던 전개	무슨 일이 일어난다
인생이 바뀐다	확산 희망	눈물샘 자극
꼭 봐야 한다	레전드 편	주목
중대 발표	긴급 업로드	실명 공개

기업이 제공하는 유튜브 동영상에서도 이러한 조회 수 지상주의의 유튜버가 만든 것 같은 제목을 종종 보게 됩니다. 당연한 말이지만, 우리는 조회 수에 따른 광고 수익을 목적으로 유튜브를 사용하는 것이 아닙니다. 따라서 이러한 선전을 위한 키워드를 유튜브 제목으로 설정할 필요가 전혀 없으며, 이후에 말씀드릴 내용처럼, 유망고객이 인터넷 검색을 할 때 사용하는 키워드를 염두에 두고 제목을 지어야 합니다.

유튜브 제목을 설정할 때 중요한 '관점'이 있습니다. 경영에는 자사의 관점, 고객의 관점, 경쟁자의 관점이 존재합니다. 자사의 관점이란 자사의 관점에서 시장 및 고객, 경쟁사 등을 보는 시각입니다. 고객의 관점이란 고객의 입장에서 고객의 시선으로 세상과 다양한 기업, 상품 서비스를 보는 시각입니다. 마지막으로 경쟁자의 관점이란 경쟁사의 관점에서 자사와 고객을 고찰하는 시각입니다.

이러한 3가지 관점 중에서 유튜브 제목을 설정할 때 필요한 관점은 무엇일까요? 자사의 관점이라고 답하는 사람은 안타깝지만 유튜브 제목을 짓는 데 실패할 가능성이 큽니다. 종종 기업은 자사에서 판매하고자 하는 상품과 서비스를 어필하려는 의식이 너무 강해서 유튜브 제목에 자사의 관점에서 생각한 키워드를 넣는 경우가 있습니다.

하지만 유튜브 검색창에 키워드를 입력하는 것은 미래의 유망고객입니다. 유망고객은 상품을 구입할지 고민하고, 불안을 느끼며, 더 자세히 알고 싶은 점을 구글로 검색합니다. 따라서 우리는 '고객의 관점'에서 고객의 입장과 심리를 생각하며 상품, 서비스에 대한 사소한 고민, 의문점, 니즈를 언어화해 유튜브 제목으로 만들어야 합니다.

실제로 여러분이 유튜브 제목을 설정하기 전에 가장 중요한 것은 그러한 관점을 확실하게 '고객의 관점'으로 전환하는 것입니다. 고객의 관점에서 봤을 때 효과적인 유튜브 제목을 짓는 기업의 실제 사례를 살펴봅시다.

사이타마현 가와고시시의 주택 부동산 회사 ㈜키즈나 주택의
가와시마 다이 사장님은 9년 전부터 유튜브에 지속적으로 업로드
해왔습니다.

예를 들어, 다음의 동영상의 제목은 '가와고시시 신주쿠마치
도진카이 병원 근처 1K(1개의 거실+주방) 임대 애완동물 생활보호자
가능 누마타장'입니다.

이 제목에서는 '1K, 임대, 애완동물이 가능하다'라는 매물의 조
건이나 스펙 등에 더해 '병원 근처'와 같이 통원을 걱정하는 거주자
의 관점에서 세세한 고객 니즈를 반영한 단어를 효과적으로 나타
내고 있습니다.

가와시마 사장님이 올린 동영상의 제목. 고객의 관점에서 구체적인 단어를 사용한다.

특히 주택 부동산 업계에서 유튜브를 활용하는 사람들이 하기 쉬운 실수는 자사의 관점에서 판매하고 싶은 매물에 대한 자세한 스펙만 쭉 나열하는 것입니다. 그러면 고객의 관점에서 생각한 사소한 고민이나 니즈를 반영하는 표현을 사용하지 못하는 경우가 많습니다.

가와시마 사장님에게는 이러한 사소한 고민, 니즈를 가진 키워드로 검색해 당사를 찾아낸 고객들이 많이 옵니다. 게다가 제3장 이후에 설명할 클로징이나 고객 유지를 목적으로 하는 유튜브 동영상도 효과적으로 병용해 지역에서 압도적인 최고의 주택 부동산 회사로서 크게 활약하고 있습니다.

경쟁사가 생각하지 못하는 유망고객의 작은 고민과 불안함, 고민까지 신경 쓴 키워드가 힘을 발휘해 가와시마 사장님을 찾는 고객의 성약률은 90%가 넘는다고 합니다.

더욱이 유튜브 제목을 지을 때, 최근 들어 더 의식해야 하는 점이 있습니다. 바로 스마트폰에서 구글 검색을 할 때 글자를 입력하는 것이 아니라, 마이크를 사용해 음성 검색을 하는 사람들이 있다는 것입니다. 음성 검색을 하면 글자를 입력하는 것에 비해 매우 짧은 시간에 효율적으로 키워드를 입력할 수 있기 때문에 음성 검색을 이용하는 사람이 많아지고 있습니다.

구글이 가진 음성 인식 기술은 세계 최고 수준이며, 매우 높은 정확도로 사용자가 하는 말을 언어화합니다. 이러한 정확도 높은 음성 인식 기술도 구글이 보유한 가치 있는 재산 중 하나입니다. 음성 검색이 보급되면, 스마트폰 사용자는 자신이 알고 싶은 주제에 대해 단어가 아니라 문장으로 음성 검색하는 경우가 많아질 것입니다. 음성 검색이 발달함에 따라, 인터넷 사용자의 검색 키워드는 더욱 복잡하고 길이도 길어지게 될 것입니다.

예를 들어, 앞서 소개한 ㈜키즈나 주택의 가와시마 사장님이 올린 동영상에 있었던 '애완동물 가능'이라는 표현과 관련해서도, 앞으로 스마트폰 사용자는 "애완동물을 키울 수 있나?", "강아지를 키워도 괜찮을까?"와 같이 음성으로 검색할 수 있습니다.

앞으로 유튜브 제목을 지을 때는 음성 검색에 대응하는 복잡하고 긴 키워드도 고려해야 합니다. 스마트폰이나 구글의 기능이 어떻게 발달해가는지 주시하면서 시대의 변화에 대응하는 키워드 대책을 실천하도록 합시다.

유튜브 고객 모집의 기본은
아마존도 실천하고 있는
'롱테일'이다

이제 여러분은 유튜브 고객 모집의 가장 중요한 포인트가 제목이라는 사실을 이해했을 것입니다. 유튜브 고객 모집에서 다음으로 신경 써야 할 것은 유튜브 동영상을 많이 올리는 것입니다.

앞서 말한 것처럼 유튜브 동영상을 대량 업로드하는 것은 1분 정도의 짧은 동영상이라도 좋으니, 한 달에 80개, 1년에 천 개의 속도로, 고객의 관점에서 생각한 다양한 키워드를 유튜브 제목에 포함시켜 유망고객의 다양한 검색 니즈를 충족시키는 전략입니다.

제가 대량 업로드를 축으로 하는 유튜브 고객 모집을 다양한 기업에 소개하고 조언해 큰 성과를 거두게 된 계기는 1장에서 말씀드렸으니 여기서는 유튜브 대량 업로드가 어떠한 마케팅 이론을 통해 성립된 것인지 말씀드리겠습니다.

유튜브 고객 모집을 위해 꼭 필요한 유튜브 대량 업로드는 롱테일이라는 이론에 근거한 것입니다. 롱테일이란 주로 인터넷 판매에서 사용되는 개념으로, 판매량이 많지 않은 상품이라도 다양한 상품을 준비함으로써 매출을 최대화하는 것입니다. 이 이론은 미국 〈와이어드(Wired)〉지의 편집장인 크리스 앤더슨(Chris Anderson)이 제창한 것입니다.

판매 수량을 세로축으로, 상품을 가로축으로 둔 그래프로 롱테일을 표현해보겠습니다. 왼쪽부터 판매량이 많은 순으로 나열하면, 오른쪽으로 완만하게 길게 이어지는 그래프가 됩니다. 이 그래프가 공룡의 꼬리(테일)와 같은 모양이라서 롱테일이라 불리는 것입니다.

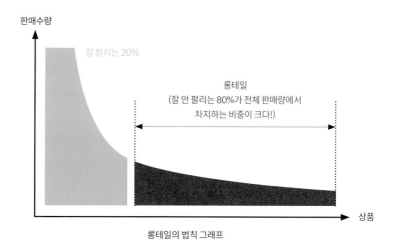

롱테일의 법칙 그래프

예를 들어, 아마존에서 취급하는 전 세계의 상품 개수는 3억 5천 점이 넘는다고 합니다. 그중에는 1년에 1개가 팔릴까 말까 할 정도로 수요가 적은 상품도 많이 있습니다.

사실 아마존의 이익에서 대부분을 차지하고 있는 것은 그러한 판매 기회가 없는 상품군입니다. 아마존은 결코 대박 상품의 매출만으로 성립되는 회사가 아닙니다. 이것은 실제 점포와는 달리 인터넷처럼 공간적인 제약이 없기 때문에 가능한 이론입니다.

제가 지금까지 유튜브 고객 모집 전략으로 대량 업로드를 제안해 큰 성과를 거둔 배경에는 이러한 롱테일 이론이 있습니다. 이것을 유튜브 전략으로 바꿔 생각하면, 다음과 같습니다. 인터넷 검색에서 경쟁이 심한 키워드로 1위를 노리는 것이 아니라, 경쟁 상대가 없는 틈새의 다양하고 많은 키워드로 1위를 얻고자 하는 것입니다.

앞서 기술한 ㈜키즈나 주택의 경우에는 '가와고시시 부동산'이라는 경쟁이 심한 키워드로 1위를 노리는 것이 아니라 '가와고시시 1K 임대 병원 근처 애완동물 가능'이라는 작은 키워드들의 조합을 대량으로 생각해, 대량으로 생성하는 유튜브 동영상의 제목으로 삼았습니다.

가령 1년에 몇 번밖에 검색되지 않는 틈새 키워드라 해도, 유튜브 대량 업로드를 통해 그런 키워드를 축적해놓으면, 롱테일 이론에 따라 그 매출이 전체의 80%를 차지하게 됩니다. 또한 틈새 키워드는 경쟁사가 인터넷 전략상 그리 중요하게 생각하지 않는 경우가 많습니다.

가와고시시의 부동산 회사라면 일반적으로 '가와고시시 부동산'이라는 경쟁이 심한 키워드로 상위를 노릴 것입니다. 하지만 그처럼 경쟁이 심한 키워드는 인터넷 광고를 포함해 정보량이 이미 많으며, 중소기업이 자사에서 제공하는 정보를 검색 결과 상위에 표시하도록 조처를 했을 것입니다.

'준비된 자에게 기회가 온다'라는 말처럼 경쟁자가 생각지도 못한 틈새 키워드는 중소기업이라도 손쉽게 구글 검색 결과 상위에 표시될 수 있는 키워드라 할 수 있습니다. 또한, 뒤에 설명하는 것처럼 인터넷 사용자들은 매우 구체적이며 세분화된 검색어를 사용합니다. 앞서 기술한 '병원 근처'나 '애완동물 가능'과 같은 표현 말입니다. 이러한 관점에서 볼 때도, 롱테일 이론에 근거해 세세한 단어를 중시하는 키워드 대책은 우리의 무기로서 큰 효과를 발휘합니다.

대량의 키워드를 조합해 한 달에 80개의 동영상을 올리려면, 당연히 적은 수의 고품질 유튜브 동영상은 올릴 수 없습니다. 1분 정도의 간단한 동영상이라도 좋으니 대량으로 업로드해 인터넷 사용자의 다양한 검색 니즈에 대응하는 것이 이 책에서 말하는 유튜브 고객 모집의 기본입니다. 인터넷의 여명기와는 달리, 성숙기에 해당하는 지금은 롱테일을 기반으로 하는 인터넷 전략이 더욱더 필요합니다.

세계에서 가장 많이 유튜브 동영상을 올리는 회사가 어디인지 아십니까? 미국의 신발 회사 '자포스(Zappos)'입니다. 유튜브 채널 'Shop Zappos'에는 27만 개의 동영상이 올라가 있습니다. 이 회사는 10년 전부터 유튜브 동영상을 올리기 시작했고, 지금도 여전히 편집하지 않은 간단한 1분 정도의 동영상을 '엄청' 많이 올리고 있습니다.

자포스는 모든 회사가 한마음 한뜻으로 유튜브 대량 업로드를 실천하고 있으며, 유튜브 담당 직원만 45명이 있다고 합니다. 유튜브 동영상의 하루 업로드 목표는 60개에서 100개입니다. 사내에는 촬영하기 위한 전용 스튜디오도 마련되어 있습니다.

이러한 자포스의 시책도 롱테일에 기반한 것입니다. 제가 10년 전부터 일본의 중소기업에 유튜브 대량 업로드를 제안할 때 크게 힌트를 얻고 자신감을 갖게 되었던 것이 바로 이 자포스였습니다. 자포스는 "아마존이 유일하게 두려워하는 회사"라고 불렸으며, 지금은 아마존의 산하에 들어가 사업을 펼치고 있습니다. 그처럼 아마존이 두려워할 정도의 위력을 가진 것이 바로 롱테일에 기반한 유튜브 대량 업로드입니다.

자포스의 유튜브 채널

　제가 지금까지 컨설팅한 경영자들도 자포스의 뒤를 쫓아 만 개에 가까운 대량의 동영상을 업로드함으로써 잇달아 큰 성과를 거두고 있습니다. 그들의 채널과 유튜브에 업로드한 개수는 다음과 같습니다(이 책 집필 당시 기준).

(유)와지마 칠기 불단점(업로드 개수 : 15,268개)

(유)유메공방 카코팅 전문점(업로드 개수 : 13,189개)

㈜아트 프라(이 사업 관련 채널의 업로드 개수 : 8,893개·채용 채널 : 8,040개)

그들은 일주일, 한 달의 목표를 설정해 유튜브 대량 업로드를 완전히 습관으로 만들었습니다. 그들이 만약 소량의 퀄리티 높은 동영상만 올렸다면, 지금과 같은 안정적인 경영은 할 수 없었을 것입니다.

그들의 유튜브 동영상의 공통점은 고객 관점의 키워드를 사용하고, 경쟁이 심한 키워드는 피하면서, 세세한 틈새 키워드를 제목에 포함시킨다는 것입니다.

또한, 동영상 편집은 필요한 만큼만 하고, 다음 절에서 해설하는 것과 같은 유튜브 동영상을 통해 문의를 접수하는 페이지나 라인(라인, 메신저 앱) 공식 계정으로 유도하는 동선을 설계하는 데 힘을 싣고 있습니다.

그러한 동선을 설계하는 것 역시 유튜버와 같은 방식으로 해서는 안 됩니다. 그럼 다음 페이지부터 유튜브 고객 모집에서 제목을 짓는 것 다음으로 중요한 동선 설계에 대해 말씀드리겠습니다.

유튜브 고객 모집의 다음 단계, '효과적인 동선 설계'

유튜브 고객 모집에서 가장 중요한 포인트인 제목 설정에 이어, 다음으로 중요한 포인트인 '동선 설계'에 대해 말씀드리겠습니다.

유망고객은 구글 또는 유튜브 검색을 통해 자신이 관심을 가진 검색 키워드로 여러분의 유튜브 동영상을 찾아오게 됩니다. 그로부터 유망고객이 취할 것으로 예상되는 행동은 다음의 2가지입니다.

1. 유튜브 채널 톱페이지(Top Page)에 접속해, '유튜브 운영자인 기업의 개요를 이해한다.
2. 유튜브 동영상의 설명문을 참고로 해, 그 기업의 공식 홈페이지나 SNS를 방문한다.

우리는 이러한 2가지 패턴을 염두에 두고, 적절한 대책을 마련해야 합니다.

먼저 첫 번째 행동 패턴에 대한 대책입니다.

구글 검색을 계기로 여러분의 유튜브 동영상에 도달한 유망고객은 더욱 정확하게 그 기업의 실태를 확인하고 싶어 합니다. 더욱 다각적으로 여러분의 회사 실태를 이해하고 싶어 하기 때문에 채널 내의 다른 동영상도 시청할 것입니다. 당연히 유튜브 채널의 톱페이지에 액세스할 것입니다.

유튜브 채널의 톱페이지는 책을 예로 들면 표지와 같은 것으로서 기업명이나 회사의 개요, 유튜브 채널의 개요 등을 표현하는 장소입니다.

유튜브 채널의 톱페이지가 두서없이 설정되어 있으면 유망고객은 구글 검색을 통해 모처럼 찾은 기업을 불신하게 됩니다.

반대로 유튜브 채널의 톱페이지를 정성스럽게 설정하거나 멋지게 디자인한 기업에 대해서는 기업 정보나 다른 유튜브 동영상을 호의적으로 받아들이게 되어, 구글 검색을 계기로 찾은 만남이 효율적인 문의 건수로 발전하게 될 수 있습니다. 그만큼 유튜브 채널 톱페이지를 설정하는 것이 중요합니다.

유튜브 채널의 톱페이지를 설정할 때는 다음의 5가지가 중요합니다.

1. 채널 아트(헤더 이미지)

2. 채널 아트의 링크 설정

3. 채널 소개 동영상

4. 사업 내용과 고객의 소리와 같은 '섹션 추가'

5. 개요에 연락처 기재

첫 번째는 채널 아트입니다.

책 표지와 마찬가지로, 한 장의 사진으로 기업이 추진하는 사업의 이미지를 전달할 수 있는 것을 설정해야 합니다.

유튜브 공식 사이트에는 헤더 이미지를 제작하는 데 사용할 수 있는 템플릿이 준비되어 있는데, 그 템플릿은 컴퓨터뿐 아니라 태블릿 PC나 스마트폰에서 접속한 경우에도 적절하게 표시되도록 크기가 설정되어 있습니다.

거기에서 다운로드한 템플릿을 바탕으로 디자이너에게 의뢰해 채널 아트를 만들어 설정하면 좋겠습니다.

두 번째는 채널 아트의 링크 설정입니다.

여기에 다양한 링크를 걸어 둘 수 있으므로, 자사의 공식 홈페이지나 블로그는 물론, 페이스북이나 인스타그램 등 자사가 힘을 싣고 있는 SNS의 링크를 걸어 두면 좋겠습니다.

세 번째는 채널 소개 동영상입니다.

여기에는 5~10분 안에 여러분 회사의 전체적인 모습을 간단하게 정리한 프로모션 동영상을 설정하면 됩니다. 어떤 유튜브 동영상 하나를 계기로 우리 회사의 유튜브 채널 톱페이지에 방문하게 된 사람은 이러한 채널 소개 동영상을 통해 우리 회사의 전체적인 모습을 이해하게 될 것입니다. 그런 의미에서 채널 소개 동영상은 다소 비용이 들어가더라도 정확하게 회사를 어필할 수 있는 내용으로 만들어야 합니다.

네 번째는 사업 내용과 고객의 소리와 같은 '섹션 추가'입니다.

섹션이란 추천 동영상을 모아 놓은 것으로써 접속한 사람이 특히 봐줬으면 하는 동영상을 강조할 수 있습니다. '섹션 추가'에서는 우리 회사의 사업 내용에 대한 것과 우리 회사의 역량을 증명하는 고객의 소리, 이렇게 최소 2가지의 섹션을 준비하면 좋습니다.

유튜브에는 하나의 주제에 해당하는 다양한 동영상을 묶을 수 있는 '재생목록' 기능이 있습니다. 컴퓨터로 말하자면 폴더와 같은 것입니다. 새롭게 만든 재생목록을 '섹션 추가'해 유튜브 채널 톱페이지에 설정해놓을 수 있기 때문에 여러분은 적어도 사업의 주요 내용과 '고객의 소리'라는 2가지 재생목록을 만든 다음, 각각을 유튜브 채널 톱페이지에 섹션으로 추가하시기 바랍니다. 그렇게 하면 접속자는 여러분의 사업 개요를 단시간에 정확하게 이해할 수 있으며, '고객의 소리' 동영상을 통해 안심할 수 있고 신뢰를 싹틔

울 수 있습니다.

저의 유튜브 채널 톱페이지에서는 고객의 소리를 서비스별로 세분화해 '컨설팅 고객', '강연 주최자 고객', '경영 스쿨 수강생'이 라는 3가지 재생목록을 만든 다음, 각각 다른 섹션으로 지정해 유 튜브 채널 톱페이지에 설정해놓았습니다.

이처럼 유튜브 채널 톱페이지를 통해 유망고객이 여러분의 회 사를 더욱더 신뢰할 수 있는 요소를 효과적으로 삽입해야 합니다.

필자의 유튜브 채널 톱페이지. 채널 톱페이지에서 중요한 5가지 요소를 모두 활용하고 있다.

마지막 다섯 번째는 개요에 연락처를 기재하는 것입니다.

여기에는 자사의 기본정보, 공식 홈페이지의 URL이나 라인 공식 계정의 URL, 그리고 자사에 대한 간단한 소개 글을 입력하 면 됩니다.

다음으로, 두 번째 '유튜브 동영상 설명문을 참고해 그 기업의 공식 홈페이지나 SNS를 방문한' 접속자의 행동 패턴에 대한 대책을 말씀드리겠습니다.

각각의 유튜브 동영상에 대해 동영상을 업로드한 사람이 자유롭게 정보를 기재할 수 있는 공간을 '설명문'이라고 합니다. 이러한 설명문은 동영상의 내용에 대해 글로 설명하는 것뿐 아니라, 효과적인 문의를 획득하는 데 도움이 되는 중요한 공간이기도 하기 때문에 다음의 5가지를 기본적으로 기재하시기 바랍니다.

유튜브 동영상의 '설명문'에 기재해야 하는 내용은 다음과 같습니다.

1. 회사명(상호·점포명)
2. 회사 및 점포의 주소
3. 자사 공식 홈페이지의 URL
4. 전화번호와 영업 시간·휴일
5. 라인 공식 계정 URL

첫 번째, 회사명을 기재하는 것은 당연한 일입니다.

두 번째, 회사의 주소를 표기하게 되면, 실체가 있는 회사임을 어필할 수 있기 때문에 접속자를 안심시킬 수 있습니다. 특히 지역

밀착형 비즈니스를 하는 사람이라면, 회사와 점포의 주소를 정확하게 기재하도록 합시다.

세 번째, 공식 홈페이지의 URL 역시 접속자는 유튜브 동영상 하나로 그 기업의 자세한 정보를 확인하고 싶어진 것이므로, 당연히 그 기업의 공식 홈페이지의 URL을 기재하는 것이 좋습니다.

네 번째, 전화번호와 영업 시간입니다. '지금 바로 문의하고 싶다'라고 생각하는 시간적으로 여유가 없는 고객은 즉시 전화하려 할 것입니다. 그럴 때 휴일이나 영업 시간, 전화번호가 기재되어 있으면 "유튜브를 보고 연락드립니다"라고 말하는 동영상을 시청한 사람으로부터의 전화 문의가 증가할 것입니다.

다섯 번째, 최근에 중요시되고 있는 라인 공식 계정의 URL입니다. 최근에는 특히 B to C 비즈니스의 경우, 유망고객이 메일이나 전화가 아니라 라인을 통해 연락하려는 경향이 강해지고 있습니다. 따라서 기업을 위한 라인인 '라인 공식 계정'을 만들어 그 URL을 설명문에 기재하는 것이 매우 중요합니다.

여러분이 B to C와 같은 일반 소비자를 대상으로 하는 비즈니스를 하고 있다면 라인 공식 계정을 만들고, 유튜브 동영상의 설명문에 그 URL을 반드시 기재하도록 합시다.

나가노현 지노시의 부동산 회사 '야츠가타케 라이프'의 설명문. 공식 홈페이지의 URL과 함께 라인 공식 계정의 주소도 기재되어 있다.

이처럼 접속자가 유튜브 동영상을 시청한 후에 취할 수 있는 적절한 동선을 마련해놓으면, 자사에 대한 신뢰도를 높일 수 있는 정보를 보게 되고, 그에 더해 전화, 메일, 라인 공식 계정을 모두 기재해놓으면, 귀중한 한 건의 문의를 획득하기가 더 쉬워집니다.

이 장에서 말한 것처럼 유튜브의 가장 큰 장점은 짧은 기간 안에 구글 검색 결과 상위에 표시될 수 있다는 '검색 우대성'입니다. 이를 최대한 활용해 구체적이며, 상세한 시장의 니즈와 관심을 유튜브 동영상을 통해 열심히 충족하고, 거기에서 적절한 동선을 유도해 문의를 얻을 수 있다는 것이 유튜브 고객 모집의 주요 흐름입니다.

무작정 동영상을 업로드하거나 유튜버를 따라 하지 말고, 인터넷상에 존재하는 다양한 정보의 늪에 빨려 들어가지 않도록 주의하면서, 완전히 다른 원칙을 가진 유튜브 고객 모집을 정확하게 이해해 실천하시기 바랍니다.

최근에도 제가 아는 경영자 A씨는 본인이 예전에 올린 구글 검색을 염두에 두고 만든 대량의 유튜브 동영상을 유튜브 채널에서 삭제하고, 유튜버와 같은 방식으로 동영상을 업로드하기 시작했습니다. 분명 그는 대량으로 업로드한 유튜브 동영상을 삭제한 일을 후회하고 있을 것입니다.

이처럼 전략과 원칙을 정확하게 이해하지 않으면, 트렌드에 휘둘려 유튜브를 제대로 활용하지 못하게 됩니다. 뒷받침되지 않은 정보나 겉으로만 멋있는 이미지에 현혹되지 말고, 원리 원칙에 근거한 전략적인 유튜브 비즈니스 활용을 실천하시기 바랍니다. 유튜브 비즈니스 활용은 결코 조회 수나 구독자 수를 두고 경쟁하는 시책이 아닙니다. 유튜브 고객 모집의 성패를 판단하는 평가 기준은 어디까지나 유튜브를 통해 획득한 문의 건수입니다.

다음 제3장에서는 그러한 귀중한 한 건의 문의를 성약으로 이끌기 위한 '유튜브 클로징 기술'에 대해 말씀드리겠습니다. 유튜브 고객 모집을 통해 얻은 귀중한 한 건의 문의를 확실하게 매출 및 이익으로 연결시키기 바랍니다.

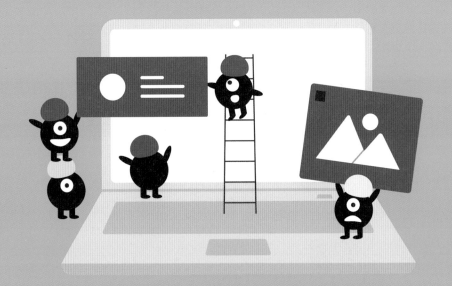

제3장

'유튜브 클로징'을 활용해
'성약률을 2배'로 만들자!

강제적인 세일즈와
심리 테크닉으로는
성약이 이루어지지 않는다!
_ 새로운 클로징 개념

지금까지의 내용을 통해 유튜브를 활용해 유망고객의 문의를 유도하는 '유튜브 고객 모집'의 내용에 대해 이해하셨을 것입니다. 우리가 고객 모집을 위해 다음으로 생각해야 하는 주제는 클로징, 즉 성약입니다.

상품 단가가 10만 원 이하로 저렴한 상품이나 서비스에 대해서는 유튜브 고객 모집만으로 판매되는 경우도 있습니다. 예를 들어, 음식점이나 미용실과 같은 업계에서는 말이죠. 그런데 한 대에 수천만 원을 호가하는 자동차나 수억 원대의 주택, 부동산과 같이 가격이 비싼 상품을 취급할 때는 특히 고객 모집 이후의 단계인 클로징이 오히려 중요합니다.

원래 영업 활동의 클로징이라고 하면 제일 먼저 떠오르는 것은 유망고객의 집이나 회사를 찾아가서 하는 클로징 영업입니다. 도착한 메일이나 라인 등의 문의가 들어오면 전화로 약속을 잡고 집이나 회사로 찾아가는 거죠. 하지만 요즘은 신종 코로나 바이러스의 영향으로 생활 양식이 바뀌어 유망고객의 집이나 회사로 찾아가는 것 자체를 유망고객이 좋아하지 않게 되었을 뿐 아니라, 자사의 영업 스타일에 대한 평가를 떨어뜨리게 됩니다. 필요 이상으로 직접 만나거나 찾아가는 영업 방식을 좋아하는 기업은 제1장에서 소개한, 제가 최근 경험했던 마스크를 착용하지 않는 리모델링 회사의 방문 영업과 크게 다르지 않음을 기억하십시오.

'정말로 시대에 뒤처진 영업 방식이야.'
'이 시국에 영업하러 집에 오다니, 예의 없는 회사야.'
라고 생각할 수 있습니다.

또한, 직접 방문하지는 않더라도 전화나 줌을 통한 클로징은 어떨까요?

메일로 문의를 받고, 유망고객의 집에 전화를 걸어 그 자리에서 자동차나 부동산 등의 고액 상품을 구매하도록 결단하게 만드는 클로징을 과연 할 수 있을까요? 가령 영업 사원이 영업 기술을 향상시키고, 롤플레잉 연습을 수없이 한다고 해도, 전화만으로 짧은 시간 안에 유망고객과 신뢰관례를 형성할 수는 없을 것입니다.

최근에는 일반 소비자들과 전화를 통한 커뮤니케이션을 할 기회가 줄어들고 있습니다. 어쨌든 전화라는 커뮤니케이션 수단은 청년층을 중심으로 전화의 사용 빈도가 줄어들고 있기 때문에 점차 도태될 것으로 예상됩니다.

줌의 경우도 마찬가지입니다.

한 번 문의나 자료 청구 메일을 받은 유망고객에게 "어제는 문의해주셔서 감사합니다. 다음 주 월요일 오후 1시에 컴퓨터 앞에 앉아 주세요. 상품에 대한 자세한 설명을 줌으로 해드리겠습니다"라는 식으로, 날짜를 정해 클로징을 하는 것이 과연 현실적일까요? 실제 영업 상황을 생각해보면 그렇지 않을 것입니다. 제1장에서 말씀드린 것처럼 줌을 이용하는 것의 단점은 생중계이기 때문에 실수해서는 안 되는 경우에는 사용할 수 없다는 점과 상대방의 시간을 구속하게 된다는 점입니다. 줌은 코로나 시대의 필수적인 도구이긴 하지만, 이용할 수 있는 상황이 한정적이라는 점을 이해해야 합니다. 이처럼 직접 만나서 영업할 수 있는 기회를 갖기 어려워진 이 시대에 우리는 세상의 변화에 따른 클로징 방법을 생각해야 합니다.

또한, 클로징 스타일도 크게 변화되고 있습니다. 한마디로 말하자면, '강제적인 클로징'과 '테크닉에 의한 클로징'은 끝났습니다.

강제적인 클로징이란 유망고객에 대한 상담에서 자사가 주도권을 잡고, 유망고객의 구매에 관한 의식을 존중하지 않은 채로 판매 계약, 구매 의사 결정을 하도록 하는 것입니다. 유망고객이 상품을 구매할지 차분히 검토하고 생각하거나 가족과 상의할 수 있는 여유를 주지 않고, 기업이 상담의 페이스를 쥐고 있는 것입니다. 강제적인 클로징의 대표적인 예는 영업 사원이 구매 기한 및 신청 기한을 제시하는 것입니다.

예를 들어, "다음 주 화요일까지 답변해주실 수 있나요?"라던가 "월말까지 말씀해주시기 바랍니다" 같이 비교적 부드럽게 말할 수도 있지만, "다음 주 금요일에 계약서를 가져오겠습니다"라던가 "다음 주까지 결론을 내려주세요"와 같이 어느 정도 강제적으로 말하는 경우도 있습니다.

기한이나 시청 기간에 대한 화제는 영업 사원이 자신의 페이스에 따라 상담을 진행하고 싶어 하는지, 유망고객에게 상담의 방향성을 맡기려 하는지를 가장 잘 드러내줍니다.

제가 5년 전에 신축 주택을 검토했을 때의 일입니다.

한 주택 회사와 상담을 진행했고, 네 번째 만남 때 담당 영업 사원이 다음과 같은 말을 했습니다.

"다음 주 월요일에 사내에서 영업 회의를 합니다. 그 타이밍에 계약을 보고할 예정이니 어떻게든 일요일까지는 가계약이라도 좋으니 계약을 해주셨으면 합니다."

그 영업 사원은 평생에 한 번 있을까 말까 한 거금을 지출하는 유망고객에게 며칠 안에 구매 결단을 내리라고 말한 것입니다. 모든 상담에서는 원래 고객에게 구매 시기, 금액, 내용을 결정할 권한이 주어집니다. 하지만 이 영업 사원은 그러한 사실을 잊은 채 자신의 상황에 따라 구매 시기를 결정하려 했습니다. 당연히 저는 즉시 그 제안을 거절하고, 상담 자체를 백지화했습니다. 그러한 메시지 하나로 영업 사원에 대한 신뢰가 순식간에 사라져버렸기 때문입니다.

이러한 강제적인 클로징은 영업 사원에게는 자신의 페이스에 맞춰 상담을 진행해 성약을 이루어냈다는 만족감을 줄 수는 있지만, 고객의 입장에서는 찜찜한 기분이 들기 때문에 진정한 신뢰관계를 구축할 수 없습니다.

물론 제4장에서 이야기할 고객 관리 영업을 통해 다른 고객을 소개받거나 재구매로 유도할 수 있는 기회도 사라집니다. 강제적인 클로징은 백해무익합니다.

앞으로 이 책에서 이야기할 '신뢰관계 구축형' 클로징 방식이 일반화되면, 이러한 강제적인 클로징 방식을 사용하는 기업은 도태될 것이며, 과거의 유물이 되어 잊힐 것입니다.

클로징 영업의 트렌드 변화는 가전제품 판매점의 접객을 통해 엿볼 수 있습니다. 예전에는 가전제품 판매점에서 고객이 상품 앞에 얼마 동안 서 있으면, "찾으시는 게 있나요?"라는 말과 함께 점원이 다가왔습니다. 하지만 지금은 어떤가요? 점원은 상품을 보충할 때 말고는 매장에 오래 서 있지 않으며, 고객은 자신의 페이스에 맞게 자유롭게 상품을 볼 수 있습니다.

"상품에 대해 궁금한 점이 있으시면 점원을 불러 주세요"라는 안내문이 게시되어 있는 경우가 대부분입니다. 고객이 강제적인 클로징을 좋아하지 않는다는 사실을 잘 아는 가전제품 업계는 누구보다 빨리 접객 스타일을 재검토해 유망고객의 뒤를 졸졸 쫓아다니는 판매 방식이 아니라, 고객에게 구매 결정 권한을 주어 매출을 최대화하는 전략을 취하고 있습니다. 이러한 사례를 통해 알 수 있듯이 클로징 영업의 스타일은 성숙기에 접어들었으며, 유망고객과 더욱 고도의 신뢰관계를 형성해야만 하는 시대가 되었습니다.

다음으로, 테크닉에 의한 클로징 영업은 끝났습니다.

테크닉에 의한 클로징 영업이란 '예스벗(Yes-but) 화법'으로 대표되는 응수 화법 및 반응이 좋은 문장을 통한 심리 조작을 뜻합니다.

예를 들어 예스벗 화법이란 고객의 발언을 일단 받아들인 다음 '하지만'이라고 하면서 영업 사원이 반론을 제기하는 형태로 의견을 말하는 테크닉입니다. "비싸네요"라는 고객의 말에 대해 "그렇죠"라고 일단 받아들인 다음, "하지만 품질을 생각하면 비용 대비 효과가 매우 뛰어납니다"와 같은 말을 덧붙이는 것입니다.

이러한 응수 화법 테크닉은 수없이 많으며 '부메랑 화법', '질문 화법' 등 그러한 응수 화법을 주제로 하는 영업 사원 연수 등이 열릴 정도입니다.

또한, 반응이 좋은 문장을 많이 사용하는 영업 방식도 마찬가지입니다. '무료', '긴급', '한정'과 같은 고객의 심리적 반응이 좋은 문장을 중간중간 사용함으로써 판매로 유도하는 방법인데, 이것 역시 앞 장에서 소개한 유튜버가 제목에서 사용할 법한 선동 문구와 같다고 할 수 있습니다.

순간적으로는 고객의 관심을 끌 수 있지만, 성약을 위해 고객에게 자사의 상품을 깊이 이해시키고 타사에서 구매할 가능성을 배제하며 유망고객이 납득한 상태에서 구매하거나 신청하도록 할 만한 힘을 발휘하지는 못합니다.

이러한 꼼수를 이용하는 클로징 영업의 결점은 정보의 홍수 시대이니만큼 경쟁사도 그와 같은 테크닉에 대한 정보를 이미 알고 있을 수 있으며, 우리 회사만 영업상 우위를 얻을 수는 없다는 점입니다. 게다가 유망고객 역시 그러한 정보를 접하기 때문에 '아, 이런 심리 테크닉을 사용하고 있구나. 약았다'라는 인상을 갖게 될 것입니다.

이러한 테크닉을 사용하는 것 자체가 역효과라고 할 수 있습니다. 또한, 테크닉을 습득하는 데는 시간이 걸리기 때문에 신입 영업 사원이 곧바로 현장에서 사용할 수 있는 테크닉도 아닙니다.

모든 관점에서 볼 때 테크닉에 의존하는 클로징 방식은 가장 효율이 안 좋고 정밀도도 안 좋은 방법이라는 점을 알 수 있습니다. 경쟁사는 습득하기 어렵고, 우리 회사만 가질 수 있으며, 고객으로부터 신뢰를 얻을 수 있으면서도, 납득한 상태에서 구매 결정을 할 수 있는 클로징 방식을 취해야 합니다. 그리고 그러한 시대의 니즈에 확실하게 대응하는 방법이 바로 앞으로 말씀드릴 '유튜브 클로징 기술'입니다.

비대면으로
상품이 팔리는 메커니즘을
올바로 이해한다

여기서는 앞서 말한 강제적인 세일즈나 테크닉에 의존하는 클로징 방식과는 다른, 유망고객과의 신뢰관계를 구축하는 '유튜브 클로징 기술'의 기반이 되는 개념에 대해 설명하겠습니다.

'사람들이 왜 그 회사에서 상품을 구매하는지' 그 메커니즘을 정확하게 이해하면, 유튜브는 물론, 대면 영업이나 광고 전단지와 같은 아날로그 매체에서도 비약적으로 높은 반응률을 얻을 수 있습니다. 제가 기업에 컨설팅을 할 때 클로징 대책의 기반으로서 중시하는 원칙이 있습니다.

어느 업계에나 고액 상품 등 일반적으로는 판매하기 어려운 상품을 매우 쉽게 판매하는 실력 좋은 영업 사원이 있습니다. 5억 원짜리 집을 아무렇지 않게 쑥쑥 판매하는 영업 사원이나 5천만 원이 넘는 비싼 차를 안정적으로 판매하는 자동차 판매원 말입니다.

그들의 머릿속에는 앞서 말했던 '강제적인 클로징'이나 '심리 테크닉을 사용한 클로징'이 존재하지 않습니다. 그 대신에 고객과 원활하게 성약할 수 있는 메커니즘, 더 나아가 '세일즈가 필요 없는 세일즈'의 메커니즘을 생각합니다.

그들이 목표하는 클로징 영업이란 '세일즈가 필요 없는 세일즈', 즉 구체적인 판매 제안을 하지 않아도 유망고객이 먼저 "팔아주세요"라고 부탁하는 이상적인 세일즈의 형태입니다. 또는 억지로 판매 기한이나 신청 기한을 정하지 않고, 신청서를 유망고객에게 보여주기만 하면 유망고객이 말없이 기입해주는 자연스러운 클로징입니다. 그것을 실현하는 데 꼭 필요한 전제는 '신뢰관계를 구축하기 위한 커뮤니케이션'입니다.

즉 유망고객과의 신뢰관계가 형성되어 있고, 충분한 커뮤니케이션을 취한다면, 유망고객은 타사로 넘어가는 일 없이 자연스럽게 자사와 계약하거나 신청할 것입니다. 바꿔 말하면, 일류 영업 사원은 언제나 '어떤 커뮤니케이션을 취하면 유망고객과 신뢰관계를 형성할 수 있을지'에 대해 생각한다는 겁니다. 그것이 바로 '세일즈가 필요 없는 세일즈'를 실현하기 위한 가장 빠른 길임을 그들은 알고 있습니다.

인터넷이 보급되면서 고객의 행동 패턴, 사고방식이 크게 변화했습니다. 지금의 유망고객은 상품에 대해 관심을 갖게 되면 인터넷으로 검색하고, 유튜브 동영상이나 리뷰, 평판 등 종합적인 정보를 수집한 다음 구매를 결정합니다. 그리고 구매 후에 느낀 평가를 리뷰해 다른 고객과 정보를 공유합니다.

이러한 인터넷상에서 일련의 고객 행동 패턴, 사고방식을 마케팅 용어로 'AISCEAS(아이스시스)'라고 합니다.

AISCEAS란 Attention(인지), Interest(흥미·관심), Search(검색), Comparison(비교), Examination(검토), Action(행동), Share(공유)의 첫 글자를 딴 것입니다.

기존의 행동 패턴으로 알려져 있던 AIDMA는 Attention(인지)·Interest(흥미·관심)·Desire(욕구)·Memory(기억)·Action(행동)인데, AISCEAS에는 인터넷 시대를 반영한 Search(검색), Comparison(비교), Share(공유)와 같은 단계가 포함됩니다.

클로징은 이러한 일련의 흐름 속에서도 특히 '비교', '검토', '행동'의 각 단계에서 작용하는데, 그 각 단계에 '유튜브 클로징 기술'을 사용할 수 있습니다.

'세일즈가 필요 없는 세일즈'를 AISCEAS 행동 패턴에 대한 대책을 통해 실현하고 있는 클로징 사례를 소개하겠습니다.

야마가타현 사카타시의 오토바이 판매점 '스즈키 모터스(SUZUKI MOTORS)'의 스즈키 다카히로 사장님은 한 번도 고객을 만나지 않고도 한 대에 1억 원 이상 하는 고가의 오토바이를 안정적으로 판매합니다.

원래 자동차나 오토바이와 같은 차량을 구입할 경우, 고객은 실제로 현물을 보고 엔진 소리를 듣고 차체의 세부사항을 확인하고 신중하게 구매를 검토합니다. 중고차의 경우에는 다양한 판매점에서 금액과 차량의 상태를 비교하고, 최종적으로 한 대의 차량을 구매하는 경우가 많습니다.

그런데 스즈키 사장님을 찾은 유망고객은 먼저 유튜브 고객 모집 동영상인 대량의 유튜브 동영상을 통해 스즈키 사장님이 보유한 오토바이 재고를 확인합니다. 그런 다음 메일이나 라인을 통해 문의합니다. 스즈키 사장님은 그러한 유망고객에 대해 개별적으로 클로징 동영상인 유튜브 비공개 동영상을 보냄으로써 신뢰관계를 형성합니다. 스즈키 사장님이 유망고객에게 보내는 동영상은 구매 기한을 강조하거나 구매를 재촉하는 강제적인 클로징 동영상이 아닙니다. 또한, 심리적인 테크닉을 활용하는 말들도 하지 않습니다.

스즈키 사장님은 유망고객이 관심을 가진 오토바이의 세부점을 촬영해 실제로 엔진을 가동해 액셀을 밟거나 엔진의 상태 등 유망고객이 궁금해할 만한 점을 동영상을 통해 정성스럽게 설명합니다. 또한 '사람을 통해 물건을 파는' 자세를 중요하게 생각하는 스즈키 사장님은 차량 이외의 정보로써 구매 후에도 성실하게 애프터 서비스 및 커스텀에 응할 것임을 동영상을 통해 설명합니다.

고객에 따라서는 그러한 동영상을 여러 차례 보냄으로써 스즈키 사장님은 유망고객과의 신뢰관계를 형성하고, 설령 다른 곳과 비교를 당하더라도 금액 이외에 자사의 우위성을 호소할 수 있기 때문에 할인 경쟁에 빠지는 일 없이 자신이 원하는 판매 가격으로 계약을 체결합니다.

어쩌면 'AISCEAS 법칙'대로, 스즈키 사장님에게서 오토바이를 구매한 고객은 구매 전에 정성스럽게 개별적으로 동영상을 통해 설명해준 스즈키 사장님의 자세에 감동해 스즈키 사장님의 판매 자세에 대해 SNS 등을 통해 공유해줄지도 모릅니다. 그야말로 AISCEAS의 프로세스를 이해하고, 그 대책을 시행해 오토바이 판매에서 대성공을 거둔 사례라고 할 수 있습니다.

스즈키 사장님은 이러한 '유튜브 고객 모집'과 '유튜브 클로징'을 사용해 몇 년 만에 연 매출을 6배로 만들었습니다. 일반적으로 오토바이 업계는 저출산 고령화의 영향으로 쇠퇴하고 있습니다. 젊은이들도 오토바이를 많이 사용하지 않고 있습니다.

또한 스즈키 모터스가 있는 야마가타현 사카타시는 눈도 많이 오고, 1년 내내 안정적으로 오토바이를 판매할 수 있는 지역이 아닙니다. 하지만 이러한 유튜브 전략을 통해 일본 전국 각지에서 야마가타현의 작은 오토바이 판매점으로 연일 문의와 주문이 밀려 들어오게 되었습니다. 활기를 잃은 업계의 상황을 물리치고, 유튜브를 전략적으로 활용해 착실하게 실적을 올리고 있는 지방의 중소기업이 이와 같이 분명히 존재합니다.

이처럼 유튜브 고객 모집과 유튜브 클로징을 사용하면, 가령 시장이 축소되고 있는 업계나 얼핏 불리해 보이는 지방에서 비즈니스를 하는 작은 회사라고 해도 업계의 선두주자가 될 수 있습니다. 그리고 그 배경에는 강제적인 클로징이나 심리 테크닉을 이용하는 클로징 기술이 전혀 존재하지 않는다는 점을 기억하십시오.

'사람들이 왜 그 회사에서 상품을 구매하는지' 그 원칙을 이해하고, 어떤 행동을 취하고 어떤 정보를 제공해야 유망고객과의 신뢰관계를 구축할 수 있는지 이해한 다음 유튜브라는 툴을 활용하기 때문에 고객은 다른 회사가 아니라 우리 회사에 신뢰를 보내는 것이며, 그 결과 구매 및 계약으로 이어질 수 있는 것입니다.

예를 들어, 여러분이 신차나 보험 상품을 구매한다고 해보겠습니다.

그럴 경우, 기본적으로 어떤 판매점에서 상품을 구입하든, 그 상품의 스펙이나 내용, 가격은 비슷합니다.

하지만 고객은 여러 곳을 다녀본 다음 한 곳을 고릅니다. 왜 그 점포에서 상품을 구매할 마음을 먹은 걸까요? 왜 그 판매원에게서 구매하고 싶어진 걸까요? 그것은 세상에 다양한 상품이 있어도 결국은 사람에게서 상품을 구매하는 것이기 때문에 더욱 신뢰할 수 있는 사람에게서 구매하고 싶어 하기 때문입니다.

따라서 상품의 스펙을 이야기하는 것만으로 상품을 판매하는 것은 매우 어려운 일입니다. '사람은 물건이 아니라 사람을 보고 안심한다'라는 구매 심리를 제대로 이해하지 못하면 유튜브라는 위력 있는 도구를 사용한다고 하더라도 효과적인 클로징을 할 수 없을 것입니다.

앞서 말한 것처럼 1분짜리 동영상을 문자 정보로 환산하면 180만 자 정도 정보를 전달할 수 있습니다. 이것은 문자 정보의 5천 배에 달하는 수치입니다.

우리 회사가 어떤 판매 자세, 클로징 자세를 취하고 있는지가 좋든, 나쁘든 동영상을 통해 전달될 것입니다. 고객의 얼굴이 돈으로 보이는 '매출 지상주의'의 판매 자세를 가진 회사는 당연히 동영상을 통해서도 그러한 자세가 드러납니다. 스즈키 사장님처럼 고객 만족을 첫 번째로 생각하는 경영자라면 클로징 동영상을 통해서도 그 성실한 자세가 느껴집니다. 그런 의미에서 클로징 동영상은 여러분의 판매 자세를 비추는 거울이며, 유망고객과의 신뢰관계를 구축하는 것이야말로 가장 빠르게 성약을 이루는 방법임을 이해해야 합니다.

그럼 다음으로, 클로징 동영상을 만드는 구체적인 방법에 대해 설명하겠습니다.

유튜브 클로징 동영상에서
취해야 하는
전략적인 4단계

그럼 문의를 한 유망고객에게 어떻게 유튜브 동영상을 활용하는 클로징을 진행할 수 있는지, 구체적인 단계를 말씀드리겠습니다.

제가 지도하는 기업 컨설팅에서는 매우 복잡한 패턴을 조합해 실천하기도 하지만, 이 글에서는 가장 기본적인 4단계 유튜브 클로징 기술을 소개하겠습니다.

유튜브 클로징의 기본적인 4단계는 다음과 같습니다.

1. 자기소개와 USP
2. 자사가 제공할 수 있는 가치에 호소한다.

3. 불안함을 없애고 의문점을 해소한다.

4. 부드러운 판매 제안

클로징 동영상의 첫 번째 단계는 '자기소개와 USP'입니다.

문의한 유망고객에게 제일 먼저 보내는 중요한 클로징 동영상이 바로 이 '자기소개와 USP'입니다.

첫 번째 단계에서는 단순한 자기소개가 아니라 USP(Unique Selling Proposition), 즉 동종 업계 타사와는 달리 우리 회사만이 고객에게 제공할 수 있는 가치를 함께 소개해야 합니다. USP를 구축하는 방법에 대해서는 나중에 말씀드릴 것입니다.

단순히 질문에 대한 답변을 메일로 보내거나, 자료를 청구했을 때 팸플릿을 보내는 등 일반적인 기업의 초기대응에 비해 이러한 클로징 동영상을 사용하면, 경쟁사와 큰 차이를 벌이고 유망고객에게 특별한 인상을 심어줄 수 있습니다.

특히 주택이나 자동차와 같은 고가의 상품의 경우, 유망고객은 기업을 비교, 검토하는 경우가 많습니다. 그럴 때 '자기소개와 USP'는 유망고객에게 '아, 이 회사는 첫 대응이 다른 회사와 다르다'라는 특별한 인상을 주어 엄청난 클로징 효과를 발휘하게 됩니다.

유망고객은 자사의 사이트를 통해 기업의 기본 정보를 이미 봤을 테지만, 이러한 '자기소개와 USP' 동영상에서는 다시 한번 경영자, 영업담당자 등이 카메라 앞에 서서 회사와 자신에 대해 소개할 수 있습니다.

자기소개에 이어 USP를 확실하게 어필해 동종 업계의 타사가 아니라 우리 회사만이 고객에게 가치를 제공할 수 있음을 강조합시다.

예를 들어, 다음은 실제로 유망고객에게 보낸, 한 중고차 판매 회사의 '자기소개·USP' 동영상의 내용입니다. 실제 동영상은 영업 담당자가 천천히 이야기하는 2분 30초 정도의 짧은 동영상입니다.

중고차 판매 회사의 '자기소개·USP' 동영상 사례

야마다 님.

이번에 ㈜스즈키 자동차에 문의해주셔서 감사합니다. 저는 영업 담당자인 야마모토입니다. 자동차가 좋아서 이 업계에서 15년간 일하고 있습니다. 저 역시 많은 차를 끌어봤지만, 지금은 가족과 레저를 즐기기 위해 원박스 카를 애용하고 있습니다.

저희 회사가 다른 곳과 다른 점, 그리고 저희만이 고객님에게 제공할 수 있는 점들 3가지를 소개하고자 합니다.

첫 번째는 '투명한 가격'입니다. 저희 회사에서는 자동차에 부여된 가격의 근거를 명확하게 말씀드립니다. 저렴해 큰 이득을 보게 될 차, 상태가 안 좋은 차에 대해서도 왜 그 가격이 붙은 것인지 확실하게 설명하고, 이해하실 수 있도록 도운 다음에 판매합니다.

두 번째는 '오랜 업계 경험에 근거한 직원들의 생생한 지식'입니다. 저희 회사의 영업 담당자는 모두 10년 이상의 경력을 지닌 베테랑입니다. 외부에서도 스터디하면서 적극적으로 배운 지식과 지금까지의 경험을 통해 고객에게 비용 대비 효과가 뛰어난 차를 제공합니다.

세 번째는 '철저한 고객 관리'입니다. 문제가 발생하면, 라인을 통해 담당자와 연락하실 수 있으며, 타이어 휠은 평생 무료로 교체해드립니다. 즉 차를 팔면 끝이 아니라, 평생 함께하고자 합니다.

이처럼 스즈키 자동차는 지역 내에서 가장 자동차에 대한 애정과 고집을 가지고 있습니다. 야마다 님의 쾌적한 자동차 생활을 실현하기 위해 꼭 도움을 드리고 싶습니다. 잘 부탁드립니다.

어떤가요? 문의한 회사에서 이처럼 개인적으로 자기소개를 하는 동영상을 보내준다면, 유망고객은 그 회사에 대해 어떤 인상을 갖게 될까요?

예를 들어, 유망고객이 동시에 3개의 회사에 문의하거나 자료를 청구했다고 해보겠습니다. 다른 두 곳은 사무적인 최소한의 질문에 대한 답변, 팸플릿을 송부한 데 반해 한 곳은 이처럼 개별적으로 시간과 노력을 들여 게다가 표현력이 풍부한 동영상을 만들어 메시지를 보내온 것입니다. 당연히 개별적인 동영상을 만들어준 기업에 대해 특별한 인상이 남을 것입니다.

이러한 스즈키 자동차의 '자기소개·USP' 동영상의 훌륭한 점은 자기소개를 할 때도 회사명이나 이름을 이야기하는 것에 더해 영업 사원 개인에게 친근감이나 신뢰감을 가질 수 있도록 자신의 업계 경력이나 자동차 생활에 대해서도 이야기한다는 점입니다.

또한, 서두에서 고객의 이름을 부름으로써 이 동영상이 다른 고객에게도 보내는 단체 메시지가 아니라 하나하나 유망고객을 위해 시간을 들여 만들었다는 사실을 표현하고 있습니다. 고객은 이러한 수고스러운 노력에 대해 한층 더 큰 신뢰감을 가질 것입니다.

앞서 말한 것처럼 클로징이란 고객과의 '신뢰관계를 구축'하는 작업입니다. 그 첫 단계인 '자기소개·USP' 동영상에서부터 신뢰관계는 이미 구축되었다고 할 수 있습니다.

클로징 동영상의 두 번째 단계는 '자사가 제공할 수 있는 가치에 호소하는 것'입니다.

첫 번째 단계에서 보낸 '자기소개·USP' 동영상을 더욱 심화해, 타사에서는 제공할 수 없는 점, 우리 회사만이 제공할 수 있는 가치에 대해 자세히 설명합시다. 주택 업계나 제조업 등 현장이 있는 업계에서는 사무실이 아니라 현장에 가서 실제로 사용하는 기계나 설비를 소개한다면, 더욱 현장감 있는 동영상을 만들 수 있습니다.

그러한 동영상을 보내면 유망고객은 더욱 시각적으로 그 회사만이 자신에게 제공할 수 있는 가치에 대해 정확하게 이해할 것입니다.

'우리 회사만이 제공할 수 있는 가치'란, 예를 들어 주택 회사라면, '지역 내에서 우리 회사만이 최고 수준의 내진 설계를 제공한다'던가 '지역 내에서 우리 회사만이 맞춤제작 부엌을 설계 및 제조할 수 있다'라는 등의 내용이며, 자동차 판매 회사라면, 앞서 말한 스즈키 자동차처럼 '엔진오일 교환 평생 무료'라거나 '라인을 통한 응대 가능'과 같은 내용을 생각할 수 있습니다.

제조업에서는 제조 공정을 더욱 투명하게 하기 위해 '작업 공정을 줌 온라인 영상으로 수시로 공유'하는 등 고객이 얻는 장점도 소개할 수 있을 것이며, 치료원이라면 '시술의 효과를 더욱 오래 지속시키기 위한 셀프 마사지 동영상을 제공'할 수도 있습니다.

나중에 자세히 설명할 구체적인 USP 구축 방법을 바탕으로, 새롭게 여러분의 회사가 경쟁사와 다른 점, 여러분의 회사만이 고객에게 제공할 수 있는 이점을 글로 표현하고, 두 번째 단계에서 사용할 동영상을 통해 영상으로 만들어보시기 바랍니다. 이러한 두 번째 단계의 동영상 역시 유망고객이 시청하는 데 부담을 느끼지 않도록, 대략 3분 이내에 끝날 수 있도록 간단한 동영상을 만들어야 합니다.

클로징 동영상의 세 번째 단계는 '불안함을 없애고 의문점을 해소하는 것'입니다.

첫 단계와 두 번째 단계의 클로징 동영상을 통해 유망고객은 여러분에 대해 타사에게는 주지 않은 신뢰감을 갖게 되었을 것입니다.

다음으로 여러분에게 필요한 것은 유망고객이 여러분의 상품, 서비스를 구입하는 데 대해 갖고 있는 불안함을 없애고, 의문을 느끼는 점을 해소시켜주는 것입니다. 특히 평생에 한 번 구매하는 집과 같은 고가의 상품을 다룰 때는 이러한 불안함을 다각적인 방면으로 없애야 합니다.

고객이 한 문의 내용에 대해 답하는 것은 물론, 메일이나 라인을 주고받으면서 여러분이 느낀 유망고객이 가졌을 법한 의문점에 대해 먼저 설명해준다면, 효과적인 클로징 동영상이 될 것입니다.

동영상을 통해 질문에 답변하는 가장 큰 장점은 정보 전달력입니다.

유망고객이 한 복잡한 질문에 대해 글만으로 효과적인 답변을 하기는 어렵습니다. 그런데 동영상이라면, 현장에서 실제로 상품을 보면서 생생하게 정보를 전달할 수 있으며, 복잡하고 논리적인 설명을 해야만 하는 경우에는 화이트보드를 사용하거나 파워포인트를 조작하면서 컴퓨터 화면을 녹화하는 등 다양한 설명 방법을 생각할 수 있습니다. 글로 설명하면 상상하기 어려운 내용이라도, 동영상이라면 더욱 시각적인 정보 전달을 할 수 있기 때문에 고객의 의문을 해소하는 데 크게 도움이 될 것입니다.

세 번째 단계인 '불안함을 없애고 의문점을 해소하는' 부분에서 경쟁사는 메일이나 전화를 통해서만 응답하는 한편, 여러분의 회사만 동영상을 통해 시각적으로 이해하기 쉬운 답변을 한다면, 고객의 기억에 오래 남을 수 있고, 신뢰관계를 구축하는 데 있어서도 좋은 인상을 줄 수 있습니다.

클로징 동영상의 네 번째 단계는 '부드러운 판매 제안'입니다.

지금까지의 3번의 클로징 동영상을 통해 자사의 홍보 포인트를 호소하고, 고객이 누리게 될 장점을 어필하면서, 고객이 가진 의문점이나 불안함을 해소시켰습니다. 이에 이어 마지막 단계는 '고객이 마지막으로 취해야 하는 행동을 부드러운 태도로 제안하는 것'입니다.

여기서도 클로징 원칙에 따라 강제적인 세일즈나 판매 제안을 하지 않고, 어디까지나 상담의 주도권을 고객에게 쥐게 하고, 자사의 상품, 서비스를 구입할지 말지 결단을 내리는 경우에 취해야 하는 행동을 안내해야 합니다.

'부드러운 판매 제안'에서는 고객이 상품을 구입하도록 한 걸음 더 나아가게 하는 데 주안점을 주고 있으므로, 견학회, 설명회, 개별 상담에 대한 참가를 제안할 수 있습니다.

총 네 번의 클로징 동영상을 통해 유망고객과의 신뢰관계를 구축한 다음에 견학회, 설명회, 개별 상담에서 직접 만나면 효율적으로 상담할 수 있으며, 그 후에 있을 정식 계약, 신청까지의 흐름도 원활해져 결과적으로 성약률이 오르게 될 것입니다.

저의 경우에도 유망고객에게 다양한 클로징 동영상을 보낸 다음 처음 만나 대화해도 "스가야 씨와 처음 만나는 것 같지 않아요"라는 말을 자주 듣습니다. 처음 만나는 건데도 고객의 마음에서는 첫 대면이 아닌 것처럼 느껴지는 거죠.

또한 총 4번의 클로징 동영상을 통해 유망고객의 상품 구매 의욕과 체온을 판가름할 수 있어, 모든 유망고객에게 시간을 들여 무작정 클로징을 하는 비효율적인 영업 활동을 피할 수 있으므로, 상품 구매 의욕이 있는 긍정적인 유망고객에게 더 가까이 다가가는 효율적인 영업을 할 수 있습니다.

예를 들어, 주택 판매 회사의 '부드러운 판매 제안'의 토크 형태는 다음과 같습니다.

주택 판매 회사의 '부드러운 판매 제안' 토크

야마다 님.

지금까지 저희 동영상을 시청해주셔서 감사합니다.

이 동영상을 통해 이 지역에서 저희만이 야마다 님에게 제공할 수 있는 신축 공사의 장점을 이해하셨으리라 생각합니다. 또한 주택 대출이나 자금 계획 등 야마다 님이 신축에 대해 갖고 계신 염려에 대해서도 말씀드렸는데, 어떠셨나요? 만약 그 밖에 다른 불안한 점이나 알고 싶은 점이 있다면 가벼운 마음으로 메시지를 보내주시기 바랍니다.

그리고 만약 신축에 대해 더 많은 것을 알고 싶으시다면, 다음 주에 예정되어 있는 현장 견학 모임에 참가해보시기 바랍니다. 당일에는 저도 회장에 있을 것이므로, 꼭 말씀 걸어 주세요. 견학 모임에 참가하기 위해 따로 예약할 필요는 없으므로, 가벼운 마음으로 참가해보세요. 잘 부탁드립니다.

이 토크에 나타나 있는 것처럼 '부드러운 판매 제안' 클로징 동영상의 중요한 포인트는 다음과 같습니다.

1. 동종 업계 타사와 비교해 자사만이 제공할 수 있는 장점을 재확인시킨다.
2. 상품 구매에 대한 유망고객의 불안함을 없애기 위해 노력했음을 재확인시킨다.
3. 더 많은 질문이나 의문점이 있어도 대응하겠다는 자세를 보여준다.
4. 상담을 더 이어갈 경우, 다음으로 취해야 하는 구체적인 행동을 제시한다.

견학 모임, 설명회, 개별 상담 등에서 직접 만나 클로징을 할 때도 지금까지의 자세를 유지하고, 고객의 더 많은 의문점이나 불안함을 해소하기 위해 노력하며, 자연스럽게 계약 체결, 신청으로 연결 지어야 합니다. 가령 그 자리에서 계약이나 신청이 이루어지지 않더라도, 유망고객은 동종 업계 타사와 비교해 자사에 가장 큰 신뢰를 갖고 있을 것이므로, 타사로 유출될 가능성은 거의 없으며, 계약 시기는 달라지더라도 자사에서 신청하고 계약하게 될 가능성이 높습니다.

이러한 4단계 클로징 동영상은 유망고객의 반응을 보면서 대략 일주일에 한 통 정도로 발신하면 좋습니다.

그럼 다음으로 클로징 동영상에서 가장 중요한 첫 단계 '자기소개와 USP'를 구축하는 구체적인 방법을 설명하겠습니다.

유튜브 클로징 동영상에서
가장 중요한
USP 구축

지금까지 이야기한 4단계로 구성된 클로징 동영상, 그중에서 가장 중요한 첫 단계는 '자기소개와 USP' 동영상입니다.

이 첫 번째 클로징 동영상에서 정확하게 경쟁사와의 차이점과 자사의 우위성을 보여주지 못하면, 이어지는 2단계 이후의 클로징 동영상도 힘이 약해집니다. 그런 의미에서 첫 단계인 '자기소개와 USP' 동영상은 승부처라고 할 만큼 중요합니다.

USP란 앞서 말한 것처럼, 유니크 셀링 포지션(Unique Selling Proposition)의 약자이며, 그 회사만이 가진 '독자적인 판매 제안', '독자적인 특징'을 뜻합니다.

USP라는 3글자를 분해해 보면, 첫째로 'U(유니크)'는 그 회사만이 가진 독자적인 점, 독특한 점을 뜻합니다. 예를 들어, '당사의 다다미는 현 내에서 유일하게 구마모토현 야츠시로시의 등심초로 만들어졌습니다'라거나 '당사는 문제가 발생하면 지역 가스 판매점 중에서 가장 빠르게, 20분 이내에 출동합니다'와 같은 세일즈 문구는 이러한 'U'의 요소를 나타내는 것입니다.

또한 'S(판매)'와 'P(제안)'는 자사의 상품 및 서비스가 고객에게 주는 장점, 고객이 얻는 이익을 뜻합니다. 예를 들어 '당사의 다다미는 내구성이 뛰어나며, 햇빛에 의해 변색되어도 아름답고, 이음매와 광택감이 있는 표면의 감촉이 훌륭합니다'라던가 '가스 급탕기가 고장나도 금방 대응하고 있으므로, 생활의 불편함을 최소화합니다' 같은 말은 고객이 얻는 이익을 드러내는 것입니다.

어떤 평범한 회사라도 이러한 비범한 포인트를 찾아낼 수 있는 방법인 '매력 발굴 시트'를 소개해드릴 텐데요. 이것을 통해 U와 S+P 요소를 단편적으로 많이 찾아낼 수 있습니다.

그렇게 찾아낸 U와 S+P 요소를 조합하면, 다음과 같은 USP 문장이 완성됩니다. 전부 제가 이전에 컨설팅을 담당했던 '아무런 특별할 것 없는' 중소 영세기업의 사례입니다.

다다미 판매점의 USP 구축 사례
저희 다다미는 현 내에서 유일하게 구마모토현 야츠시로시의 등심초를 사용하기 때문에 내구성이 뛰어나며, 햇빛에 변색되어도 아름답고, 이음매와 광택감이 있는 표면의 감촉이 훌륭합니다.

가스 판매점의 USP 구축 사례

당사는 문제가 발생하면 지역 가스 판매점 중에서 가장 빠르게 20분 이내에 출동하기 때문에 가스 급탕기가 고장나도 금방 대응하고 있으므로, 생활의 불편함을 최소화합니다.

시공사의 USP 사례

당사가 짓는 건물은 골조를 13.6cm의 기둥으로 만들기 때문에 내진성이 뛰어나며, 진도 3 정도에서는 전혀 흔들리지 않습니다.

각각의 경우에 모두, 다양한 세일즈 포인트가 포함되어 있으며, 첫 단계에서 보내는 클로징 동영상인 '자기소개와 USP'의 후반부에는 그러한 포인트들을 유망고객이 쉽게 이해할 수 있는 표현으로 설명해야 합니다.

그러면 자사를 어떻게 재검토하고, USP가 될 만한 포인트를 찾아낼 수 있는지 구체적인 방법을 소개해드리겠습니다.

그것이 바로 제가 컨설턴트로서 지낸 20년 동안 일관되게 사용하고 있는 '매력 발굴 시트'입니다.

('매력 발굴 시트'는 http://www.arms-project.com/businesstiger/7-questions.pdf에서 다운로드할 수 있습니다)

제가 컨설팅을 시작하면, 저는 기업에 '매력 발굴 시트'를 사용해 자사를 분석할 수 있도록 다음의 7가지 질문을 던집니다.

1. 여러분이 절대로 바꾸고 싶지 않은 방침은 무엇입니까?
2. 기존 고객은 왜 귀사를 선택했다고 생각하십니까?
3. 귀사는 지금까지 어떻게 고객을 획득해왔습니까?
4. 타사보다 훌륭한 점·다른 점은 무엇인가요?
5. 기존 고객은 귀사의 상품/서비스를 어떻게 좋아합니까?
6. 여러분이 이 일을 하면서 가장 기뻤던 일은 무엇입니까?
7. 귀사 고객의 공통점은 무엇입니까?

모두 쉬운 표현으로 쓰인 간단한 질문입니다. 하지만 이러한 질문들이야말로 제가 20년 동안 길러온 '평범한 질문을 통해 그 기업의 진정한 가치를 찾아내기' 위한 궁극의 질문들입니다.

이러한 간단한 질문들이 기업을 고민하게 하고, 경영자와 사원 스스로 자기 자신을 철저하게 들여다보게 합니다. 이러한 간단한 질문에 대해 유연한 발상을 가지고 답변함으로써 그 기업의 진정한 우위성과 특징을 찾아낼 수 있습니다.

인간의 뇌는 신기하게도 비슷한 질문이라도 표현이 다르거나 질문에서 사용하는 단어가 달라지면 다른 뇌세포가 작용해 지금까지 생각하지 못했던 새로운 답변을 만들어냅니다.

이러한 7가지 질문들은 다양한 각도에서 뇌를 자극함으로써 풍부한 답변을 도출할 수 있습니다. 편안한 분위기에서 자유로운 발상에 근거해 뇌를 자극함으로써 그 기업이 가진 본질을 찾아내는 것이 중요합니다.

이러한 '매력 발굴 시트'의 7가지 질문과 USP의 관계는 다음과 같습니다.

'매력 발굴 시트'의 7가지 질문과 USP 요소의 관계

7가지 질문	확인
1. 여러분이 절대로 바꾸고 싶지 않은 방침은 무엇입니까?	종합적인 USP를 이끌어내는 질문
2. 기존 고객은 왜 귀사를 선택했다고 생각하십니까?	U(독자성)의 요소를 이끌어내는 질문
3. 귀사는 지금까지 어떻게 고객을 획득해 왔습니까?	종합적인 USP를 이끌어내는 질문
4. 타사보다 훌륭한 점·다른 점은 무엇인가요?	U(독자성)의 요소를 이끌어내는 질문
5. 기존 고객은 귀사의 상품/서비스를 어떻게 좋아합니까?	S(판매)·P(제안)의 요소를 이끌어내는 질문
6. 여러분이 이 일을 하면서 가장 기뻤던 일은 무엇입니까?	S(판매)·P(제안)의 요소를 이끌어내는 질문
7. 귀사 고객의 공통점은 무엇입니까?	S(판매)·P(제안)의 요소를 이끌어내는 질문

'매력 발굴 시트'의 7가지 질문 중에서 '타사보다 훌륭한 점·다른 점은 무엇인가요?' 하는 질문은 자사만이 가진 독자적인 포인트

인 'U'의 요소를 이끌어내기 위한 질문입니다.

또한 '기존 고객은 왜 귀사를 선택했다고 생각하십니까?', '기존 고객은 귀사의 상품/서비스를 어떻게 좋아합니까?', '귀사 고객의 공통점은 무엇입니까?'와 같은 질문에 대한 답은 'S'와 'P'의 힌트가 됩니다.

'매력 발굴 시트'를 주의 깊이 분석하고, 자사만이 가진 독자성과 자사의 상품/서비스가 고객에게 주는 이익을 찾아내보기 바랍니다.

이처럼 철저한 자기 분석을 통해 찾아낸 USP는 유튜브 동영상을 사용하는 클로징의 위력을 더욱 강화할 뿐 아니라, 귀사의 종합적인 영업 능력을 향상시키고, 튼튼한 경영 전략을 세울 수 있도록 도와줍니다.

그런 의미에서 매우 따분한 작업이기는 하지만, 시간을 들여 모든 힘을 쏟아 USP를 구축하시기 바랍니다.

성약률을 2배로 만드는
'유튜브 클로징' 실천 포인트

　여기서는 유튜브 동영상을 활용하는 클로징을 여러분의 회사에 더 잘 정착시키고, 효과를 발휘하게 만들기 위한 몇 가지 포인트를 설명할 것입니다.

　지금까지 말한 4가지 단계를 통한 유튜브 클로징을 기본으로 하고, 여러분 회사의 영업 활동에서 기존의 클로징을 재점검하고, 유튜브를 활용하는 클로징을 어떻게 실천하면 좋을지에 대해 5가지 포인트를 소개하겠습니다. 사내에 도입하기 전에 꼭 참고하시기 바랍니다.

　사내에서 유튜브 클로징 동영상을 실천할 때의 포인트는 다음의 5가지입니다.

1. 클로징의 전체적인 계획을 세우고 역할을 분담한다.

2. 표준 토크 스크립트를 만든다.

3. 롤플레잉을 통해 실습한다.

4. 아날로그 툴을 병용하는 종합적인 클로징을 확립한다.

5. 성약률을 측정하고 개선할 계획을 세운다.

첫 번째 포인트는 '클로징의 전체적인 계획을 세우고 역할을 분담'하는 것입니다.

여러분의 회사기 현재 영업 활동에서 실천하고 있는 클로징을 재점검하고, 지금까지 말한 것과 같은 강제적인 세일즈나 테크닉에 의존하는 클로징을 해오지는 않았는지 확인하십시오. 그런 다음 지금까지 설명한 4가지 단계를 통한 유튜브 클로징 동영상을 기본으로 해, 어떻게 영업 현장에 적용하면 좋을지 전체적인 계획을 세우십시오.

또한, 문의를 확인하거나 관리하는 일, 동영상을 녹화하고 업로드하는 것, 송신하는 것 등, 사내의 역할 분담에 대해서도 검토합니다. 고객이 보낸 메일이나 라인을 통해 온 문의에 대해 사내의 어떤 영업 사원이 그 후의 고객 대응을 어떻게 할 것인지에 대한 기준도 책정합니다.

이러한 모든 계획을 책정할 때는 지금까지 말한 것과 같은 4가지 단계에 의한 유튜브 클로징을 회사의 상황에 맞춰 조절해 단계를 더 늘릴지 줄일지 검토할 수도 있습니다.

문의를 받은 후에 첫 번째 클로징 동영상을 보내기까지 며칠 동안에 대해서도 사내의 규칙을 정해야 하며, 고객이 답장을 보냈을 때 얼마의 간격으로 두 번째 클로징 동영상을 보낼지도 규칙을 정해야 합니다.

또한, 클로징 동영상을 보낸 후 고객으로부터 아무런 반응이 없다면, 커뮤니케이션을 목적으로 하는 동영상을 보내는 등, 고객과의 관계가 소원해지지 않도록 대책을 세우고, 전체적인 사내의 규칙을 정해야 합니다.

두 번째 포인트는 '표준 토크 스크립트'를 만드는 것입니다.

이 책에서는 주택 회사와 자동차 판매 회사에서 실제로 사용하고 있는 토크 사례를 소개했는데, 이러한 사례들을 참고하면서 자사에서는 어떤 토크 스크립트로 고객에게 클로징 동영상을 보낼 것인지, 패턴에 따라 표준화된 문장을 준비해두어야 합니다.

특히 불안함을 없애고 의문점을 해소하기 위한 클로징 동영상의 경우에는, 생각할 수 있는 고객의 질문에 대해 패턴별로 정리해두고, 모범 답변을 여러 패턴으로 준비해두면 좋을 것입니다.

그러면 영업 사원의 숙련도에 의존하지 않고, 신입 영업 사원이라도 어느 정도의 질문에는 답변할 수 있게 됩니다.

'자기 소개와 USP'의 클로징 동영상과 관련해서는, 표준이 되는 문장을 정해둠으로써, 사람에 따라 차이가 발생하지 않도록 호소해야 하는 USP에 대해 어떤 영업 사원이든 확실하게 어필할 수 있게 해야 합니다.

전체적인 계획과 표준 토크 스크립트를 정한 다음, 세 번째 포인트는 '롤플레잉을 통한 실습'을 합니다.

토크 스크립트를 외우기 어려울 때는 그 예문을 큰 글씨로 인쇄해 촬영하고 있는 카메라의 주변에 띄워 놓음으로써 그것을 읽는 식으로 녹화할 수 있습니다. 발음을 틀리거나 더듬은 경우에는 그때마다 처음부터 동영상을 녹화해야 하는 번거로움이 발생할 수 있으므로, 불필요한 부분을 삭제하는 등 최소한의 동영상 편집 기술도 익혀야 합니다.

iPhone에는 무료 동영상 편집 앱 'iMoive'가 있으므로, 일단은 그러한 간편한 동영상 편집 앱에서부터 시작해보시기 바랍니다. 익숙해진 다음에는 유료 소프트웨어를 구입해 동영상 편집에 도전해볼 수 있습니다.

롤플레잉을 할 때는 사람의 첫인상이 외모를 통해 절반은 결정된다는 점을 기억해야 합니다. '메라비언의 법칙'이라고 해서, 인상을 결정짓는 요소로서 외모가 50%, 목소리의 크기나 톤이 38%, 말하는 내용이 7%라고 하는 말이 있습니다. 가령 아무리 훌륭한 토크 스크립트라고 해도 몸단장, 헤어스타일, 표정을 포함한 외모와 이야기하는 방식에 문제가 있으면, 결과적으로 고객에게 안 좋은 인상을 줄 수 있다는 것입니다.

클로징 동영상에서는 그 안에서 설명하는 내용도 중요하지만,

영상을 통해 전달되는 영업 사원의 외모나 이야기하는 방식까지도 평가의 대상이 됩니다. 몸단장, 헤어스타일, 표정, 미소 등 2~3분짜리 동영상이라 해도 그 동영상이 고객에게 주는 인상의 중요성을 이해한 다음, 롤플레잉을 하시기 바랍니다. 롤플레잉하는 모습도 동영상으로 촬영해 사내의 구성원들끼리 그 동영상을 평가하고, 영업 업무를 하는 직원 한 사람, 한 사람이 클로징 동영상이 최고의 효과를 발휘할 수 있도록 자신의 스타일을 단장해야 합니다.

클로징 동영상에서는 뉴스 아나운서처럼 청산유수로 말을 할 필요는 없습니다. 어디까지나 정확하게 알아들을 수 있고, 상대방에게 요점을 전달하며, 외모나 표정을 포함해 상대방에게 좋은 인상을 주는 데 주안점을 두시기 바랍니다. 그것이 '신뢰 구축형 클로징'에서 가장 중요한 요소입니다.

네 번째 포인트는 '아날로그 툴을 병용하는 종합적인 클로징'입니다.

앞서 말한 것처럼 클로징 동영상을 보내도 고객이 반응을 보이지 않는 경우도 있습니다. 특히 그럴 경우에 위력을 발휘하는 것이 바로 엽서나 뉴스레터와 같은 종이 매체입니다. 엽서를 보낼 때도 클로징의 기본 원칙에 입각해 세일즈하는 느낌을 없애고 유망고객과 커뮤니케이션을 취하는 것에 주안점을 두어야 합니다.

당연히 받는 사람의 이름이나 뒷면의 메시지도 모두 손으로 직접 써서 고객과의 관계성이 소원해지지 않도록 하시기 바랍니다.

뉴스레터도 마찬가지입니다. 뉴스레터는 회사가 발행하는 사내 신문과 같은 느낌으로 자사가 현재 수행하고 있는 일, 최신 고객의 소리, 자사의 전문지식 및 기술에 대한 쉬운 해설 등 회사의 실태를 상대방에게 전달하는 것을 목적으로 합니다. 여기서도 당연히 세일즈한다는 느낌을 지우고, 자사가 수행하는 일과 사고방식을 상대방에게 전달하는 것을 목적으로 해야 합니다.

특히 제가 추천해드리는 뉴스레터를 만드는 방법은 힘들이지 않고 누구나 쉽게 A4 크기의 두꺼운 종이 한 장에 작성하는 형태의 뉴스레터입니다. 제가 실제로 20년간 매달 간행하고 있는 뉴스레터가 바로 그러한 형식인데요. 이렇게 하면 원고를 작성하거나 인쇄하는 데 큰 수고를 들이지 않아도 되며, 배송료도 페이지 수가 많은 뉴스레터에 비해 저렴합니다.

지금까지 이야기한 4단계에 의한 클로징 동영상에 더해 이러한 아날로그 툴을 적절하게 함께 활용하면, 이상적인 종합 클로징 전략을 확립할 수 있습니다.

마지막으로 다섯 번째 포인트는 '성약률을 측정하고 개선할 계획을 세우는 것'입니다.

이러한 유튜브 클로징 동영상을 활용함으로써 기존에 비해 성약률이 얼마나 개선되었는지, 수치 데이터를 체크하시기 바랍니다. 만에 하나 성약률이 개선되지 않았다면, 다시 한번 첫 번째 포인트로 되돌아가 전체적인 계획 및 토크 스크립트의 내용, USP를 다시 확인하고, 필요하다면 개선해야 합니다.

　이처럼 여러분의 회사의 클로징 대책에 있어서 언제나 PDCA 를 반복하면서 최종적으로 회사의 실태와 고객의 움직임에 맞는 최적의 클로징 전략을 확립하시기 바랍니다.

제4장

'유튜브 고객 관리'를
비대면으로 해서
'재구매율과 소개를 2배'로
만든다

왜 고객 관리를 잘하면
새로운 매출을
얻을 수 있는가?

이 장에서는 한 번 거래한 고객을 적절하게 관리해 재구매 및 다른 고객에 대한 소개를 유도해 매출을 얻는 '유튜브 고객 관리 전략'에 대해 설명할 것입니다.

제가 경영 컨설팅을 할 때 클로징 만큼이나 중요시하는 항목이 있습니다. 바로 '고객 유지'입니다. 고객 유지란 기존 고객을 가둬 두는 것으로서, 구체적으로 말하자면 고객의 재구매와 새로운 고객에 대한 소개를 유도하는 것입니다. 경영을 할 때는 한 번 거래한 고객에게 '판매하고 끝내는 것'이 아니라, 정성스럽게 관리해 '고객 유지'까지를 포함해 생각해야 합니다.

중소기업의 경영 현장을 들여다보면, 영업 사원에게 '신규 고객'을 강요하는 경영자가 많지만, 대부분의 경영자들은 '고객 유지'는 소홀히 합니다. 한 번 자사의 상품을 구매한 고객이 재구매하도록 하는 것이 신규 고객을 얻는 것보다 쉽다는 당연한 사실을 깨닫지 못한 경영자가 놀랄 만큼 많습니다. 기업을 경영할 때 가장 비용이 많이 들어가는 것은 신규 고객을 처음부터 모집하는 비용입니다. 그러므로 중소 영세기업의 경영자는 영업 사원에게 '신규 고객'을 외치기 전에 '기존 고객에게 눈을 돌리라'고 지시하거나 그러한 행동을 습관화하도록 만들어야 합니다.

저는 컨설턴트로서 다양한 업종의 경영 개선을 돕고 있는데요. 실적을 두 배로 만들기가 비교적 쉬운 업계는 꽃집과 베이커리입니다. 그들은 대부분 신규 고객을 얻는 데만 열중하며, 재구매를 전략적으로 실시하는 '고객 유지 대책'은 크게 신경 쓰지 않기 때문입니다. 그들이 고객 유지의 중요성을 깨닫기만 하면, 매출을 2배로 만드는 건 쉬운 일입니다.

예를 들어, 어버이날의 카네이션 등 1년에 한 번밖에 꽃을 사지 않는 고객이 있다고 해보겠습니다. 그 고객이 꽃을 구매하는 빈도를 2배~3배로 만드는 것은 간단합니다. 어버이날에 카네이션을 구매하기 위해 가게를 찾은 고객에게 가족 구성이나 생일이 끼어있는 달을 물어보거나 그에 대한 간단한 설문조사를 받아볼 수 있습니다. 그런 다음 각 가족의 생일이 있는 달이 되기 전달에 메일이나 라인, 엽서 등을 통해 생일 축하 꽃다발을 사도록 제안할 수 있습니다. 물론 여기에는 유튜브 동영상을 통한 개별 메시지도 포함됩니다.

또한, 어버이날이나 크리스마스와 같은 연중행사가 있을 때도 마찬가지로 안내를 하면, 1년에 한 번만 구매하던 고객이 재구매할 확률을 효율적으로 높일 수 있습니다. 1년에 한 번, 크리스마스 때만 케이크를 사러 오는 고객에게도 이와 같이 1년에 8번 이상 케이크를 판매할 수 있습니다. 어버이날, 어린이날, 밸런타인데이, 화이트데이, 핼러윈과 같은 연중행사와 가족의 생일을 합치면, 4인 가족의 경우 연간 8번 이상의 구매 기회를 만들어낼 수 있습니다.

대기업에도 고객 유지는 중요한 일입니다. 한 위성 방송 회사는 계약자로부터 받는 월정액 시청료를 통해 수익을 올립니다. 그 회사는 한때 신규 계약자를 얻는 데 주안점을 둔 영업을 폭넓게 전개했습니다. 가전제품 판매점에 인센티브를 주어 계약자를 획득하거나 무료 시청 이벤트를 전개하는 식으로 말입니다. 그런데 언젠가부터 계약자가 잇달아 해지하는 일이 있었고, 실적이 단숨에 악화되었습니다. 경영 의식이 신규 고객에게만 쏠려 있고, 해약을 방지하기 위한 기존 고객의 관리가 부족했기 때문입니다. 이 회사는 서둘러 경영 전략을 수정했고, 기존 고객을 유지하는 데 중점을 둔 경영으로 전환했습니다. 그 결과, 해약률이 극적으로 감소했고 실적도 회생했습니다.

한 번 획득한 고객을 단골로 만들면, 그 고객은 다른 고객을 데려올 것입니다. 그처럼 고객을 회사의 재산으로 생각하는지 여부에 따라 기업의 명운이 달라집니다. 어떻게 방문 횟수를 늘릴까, 소개 고객을 늘릴까에 대해 필사적으로 생각해 적극적으로 재구매 촉진 시책 및 소개 촉진 시책을 짜야 합니다.

재구매가 쉽게 발생하지 않는 주택 업계에서도 집을 지은 고객에게 유튜브 개별 동영상을 보내거나 정기적으로 뉴스레터 및 자필 엽서를 보낸다면, 기존 고객과의 '비대면' 접촉량이 증가하게 되어 결과적으로 다른 고객을 소개받을 가능성이 커집니다.

이바라키현의 한 주택 회사는 업계 평균의 2배에 달하는 40%라는 높은 수준의 소개율을 유지하고 있습니다. 소개율이란 기존 고객이 신규 고객을 소개해주는 비율로써 소개율이 40%라는 것은 전년도에 10채의 집을 넘기고, 그다음 해에 4건의 소개가 들어왔다는 뜻입니다. 주택 업계의 평균이 20%도 되지 않는다는 점을 생각하면, 이것이 얼마나 높은 수준인지 알 수 있습니다.

이것은 바꿔 말하면, 1년 매출의 40%가 고객의 소개를 통해 발생한다는 것이므로, 매우 효율적인 영업이라고 할 수 있습니다. 이 주택 회사는 '소개가 발생하는 메커니즘'을 정확하게 이해하고, 자사의 독자적인 고객 관리 대책을 전략적으로 시행하고 있습니다. 그 결과, 고객 모집은 물론, 고객 유지를 통한 주문 획득에 대한 독자적인 노하우를 갖게 되어 압도적으로 지역 내 최고 자리를 유지하고 있습니다. 따라서 여러분도 자신이 속한 업계의 평균 소개율이 어느 정도인지 최대한 정확하게 파악해 그 수치를 착실하게 향상시킬 수 있는 고객 유지 전략을 실천해야 합니다.

소개율의 데이터를 찾아보려면, 업계 잡지나 인터넷상의 데이터뿐 아니라 업계 단체 및 조합 등에서 조사한 통계를 참고할 수도 있습니다. 가장 해서는 안 되는 일은 자사의 소개율이 업계 평균에 비해 높은지, 낮은지도 알지 못한 채 막연히 고객 유지 대책을 실천하는 것입니다. 유튜브를 통해 고객을 관리해 업계 평균 이상의 소개율을 달성해보시기 바랍니다.

'비대면'이라도 고객과의 접촉량을 중시하는 회사는 실적이 올라갑니다. 기존 고객을 개별적으로 관리하는 '성실함'이 요구되지만, 이것은 대기업이 따라 할 수 없는 일입니다. 항상 신규 고객만 좇는 영업은 양적으로 풍부한 인력을 가진 대기업이라면 가능한 일이지만, 중소 영세기업은 그렇게 하는 것이 가장 효율이 안 좋은 방법이라고 할 수 있습니다.

말하자면, 바닥에 구멍이 난 양동이에 물을 붓는 것과 같은 영업을 하는 회사는 아무리 열심히 신규 고객을 좇는다고 해도 이익이라는 '물'을 채울 수 없습니다.

이제부터 말씀드릴 유튜브를 통한 고객 관리를 포함한 종합적인 고객 유지 대책을 실시함으로써 항상 신규 고객을 추구하는 비효율적인 경영에서 벗어나 가장 효율적인 방법으로 실적을 향상시켜보시기 바랍니다.

지금까지 말씀드린 것처럼 신종 코로나 바이러스의 감염 확대는 경제 및 금융에까지 큰 영향을 미쳤고, 앞으로 각 업계마다 시장이 축소될 것입니다. 그러한 경제 상황 속에서 신규 고객을 개척하는 데 주안점을 둔 경영은 불안정하며 큰 위험성을 동반하게 됩니다. 우리 중소기업은 어쩔 수 없이 가장 효율적인 실적 향상 방법인 앞 장에서 설명한 클로징에 더해 이러한 고객 유지 대책에도 중점적으로 임해야 합니다.

비대면으로 할 수 있는
'유튜브 고객 관리'의 장점

    원래는 기존 고객에게 정기적인 순회 방문 등 직접 만나 고객을 관리할 수 있었습니다. 하지만 앞서 말한 것처럼 사회의 정세나 고객의 가치관 변화로 인해 직접 고객을 만나러 가는 방문이 받아들여지지 않는 상황이 되었습니다. 또한, 고객 관리의 효율성이라는 관점에서도 때마다 고객을 방문하는 형태의 고객 관리는 효율적이지 않으며, 대량의 고객을 가진 기업에서는 그것을 실천하기가 매우 어렵습니다.

    연말이 되면 당사에도 주택 회사 및 보험 회사 등의 거래처로부터 연말 인사 대신 달력이 배달됩니다. 달력은 우편함에 넣어 놓기만 하면 되고, 특별히 개별적인 메시지가 담겨 있지는 않습니다. 중소기업에서는 이러한 형식적인 기존 고객 관리만을 막연하게 해왔습니다.

　이러한 다양한 이유로 인해 적절한 고객 관리를 하지 못한 기업이 앞으로는 더욱 많아질 것으로 생각됩니다. 하지만 이제부터 말씀드릴 유튜브를 활용하는 고객 관리 전략을 사용하면, 효율적으로 대량의 기존 고객에 대해 고객의 가치관이나 사고방식을 배려하면서 효율적으로 관리할 수 있습니다. 이때 큰 무기가 되는 것이 바로 클로징 동영상과 마찬가지로 유튜브 비공개 동영상입니다.

　라인 공식 계정에서도 고객에게 개별적으로 동영상 메시지를 보낼 수 있지만, 라인 공식 계정의 경우에는 동영상 데이터를 첨부해 송신하는 형식이기 때문에 현재의 통신 환경을 생각하면 길이가 긴 동영상을 보내는 것은 부담을 줄 수 있습니다. 유튜브 비공개 동영상이라면 그러한 배려도 할 수 있으며, 앞으로 말씀드릴 고객 관리 동영상의 5가지 장점을 충분히 활용할 수 있습니다.

　유튜브 비공개 동영상을 통한 고객 관리에는 다음의 5가지 장점이 있습니다.

1. 비대면 커뮤니케이션이다.
2. 시간적 제약이 없다.
3. 많은 고객을 관리할 수 있어 시간과 비용이 효율적이다.

4. 고객에게 강한 임팩트를 줄 수 있다.

5. 효과가 지속된다.

이제 각각의 장점에 대해 살펴보도록 하겠습니다.

첫 번째는 '비대면 커뮤니케이션'입니다.

클로징 동영상과 마찬가지로 유튜브 비공개 동영상을 사용해 고객을 관리하면 고객과 직접 만날 필요가 없으므로, 바이러스 감염을 방지하는 면에서도 안심할 수 있고 안전한 커뮤니케이션을 취할 수 있습니다. 대면 영업은 최소화하라는 사회적인 풍조가 앞으로 더욱 고조되면, 동영상을 통한 고객과의 커뮤니케이션이 더욱 큰 의의를 갖게 될 것입니다.

두 번째는 '시간적 제약이 없다'라는 것입니다.

대면 방문 상담이나 전화, 줌 등과 달리, 고객의 시간을 구속하지 않는다는 점은 유튜브 비공개 동영상에만 허용되는 큰 장점입니다. 고객은 본인이 여유로운 시간에 동영상 메시지를 볼 수 있으며, 특히 바쁘게 생활하는 고객이라면 소중한 시간을 뺏지 않을 수 있습니다. 상대방의 시간을 구속하지 않는 고객과의 커뮤니케이션은 앞으로 기업에 요구되는 에티켓이라고 할 수 있습니다.

세 번째는 '많은 고객을 관리할 수 있어 시간과 비용이 효율적'이라는 것입니다.

음식점이나 미용실 등 고객 수가 많은 업계의 경우에는 고객 관리의 효율성 및 비용 문제가 중요합니다.

예를 들어, 음식점이 기존 고객에게 송년회나 신년회, 피서 모임을 제안했다고 해보겠습니다. DM을 보내면 인쇄비와 우편비가 들어갑니다. 또한, 전화로 대량의 고객에게 연락하는 것도 현실적이지 않습니다.

그런데 유튜브를 사용해 고객을 관리하면, 50명의 고객에게 1분짜리 동영상을 보낼 때도 동영상을 만드는 데 50분, 보내는 데 30분 등 비교적 짧은 시간 안에 고객에게 임팩트를 줄 수 있는 동영상을 보낼 수 있습니다. 50명의 고객에게 개별적으로 전화하는 고객 관리 방식에 비하면, 이 방법이 얼마나 시간적으로 효율적인지 알 수 있습니다.

네 번째는 '고객에게 강한 임팩트를 줄 수 있다'라는 것입니다.

대부분의 회사는 앞으로 설명할 유튜브 비공개 동영상을 사용하는 고객 관리를 실천하지 않습니다. 그러한 상황 속에서 각각의 동영상을 받아보는 고객은 대부분 처음으로 그런 동영상을 받아보는 것이므로, 고객에게 강한 인상을 심어줄 수 있습니다. 고객의 이름을 개인적으로 부르는 고객 관리 동영상은 '나를 위해 시간과 노력을 들여 동영상을 만들었구나' 하고 감동을 줄 수 있습니다.

다섯 번째 장점은 '효과가 지속된다'라는 것입니다.

전화를 하면 그 대화 내용이 남지 않으며, 메일이나 라인을 사용해도 대량의 정보 속에 자사의 메시지가 파묻힐 수 있습니다. 종이로 된 DM은 한 번 읽고 쓰레기통에 버리면 그 효과가 오래 지속되지 못합니다. 그런데 유튜브 동영상을 사용하면, 동영상만이 가진 강력한 정보 전달력을 통해 고객에게 시각적인 인상을 오래도록 남길 수 있습니다.

이러한 5가지 장점이 있으니 유튜브 비공개 동영상을 사용해 고객을 관리하면, 기존 고객을 방문하는 것은 물론, 전화나 DM, 줌과 같은 다른 방법에 비해 압도적인 우위성을 가진 고객 관리를 할 수 있습니다.

그럼 다음으로 구체적인 유튜브 비공개 동영상을 사용하는 고객 관리 실천 방법에 대해 소개하겠습니다.

'유튜브 고객'의 고객 만족도를 높이는 구체적인 방법

유튜브 비공개 동영상을 사용하는 고객 관리와 관련해 구체적인 송신 장면과 유의할 점에 대해 설명하겠습니다. 유튜브 비공개 동영상을 사용할 때에도 앞 장에서 소개한 클로징 동영상과 마찬가지로 판매 제안을 강조하는 것뿐 아니라, 고객과의 신뢰관계를 형성하기 위한 커뮤니케이션이 전제된다는 점을 기억하시기 바랍니다.

기존 고객과의 견고한 신뢰관계를 형성하게 되면, 고객을 다른 회사로 빼앗길 일도 없고, 만족도가 높아져 다른 고객을 소개받을 수도 있습니다. 그런데 유튜브 비공개 동영상을 사용한다 해도 '또 다른 상품을 사 달라'고 재구매를 유도하거나 '다른 고객을 소개해 주세요'라는 식의 이야기를 하면 신뢰관계를 해치는 역효과가 날 수 있습니다.

클로징 동영상과 마찬가지로 어떤 내용의 동영상을 보내면 고객과 진정한 신뢰관계를 형성할 수 있을지를 전제로 해서 고객 관리 동영상을 만들어야 합니다. 이때 효과적인 송신 패턴은 '4가지 감사 + 기념일' 메시지입니다. 유튜브 비공개 동영상을 사용해 고객을 관리하기 시작하는 분이라면, '4가지 감사와 기념일'에 해당하는 상황이 생기면 꼭 동영상을 만들어 보내시기 바랍니다.

'4가지 감사 + 기념일'이란 구체적으로 다음과 같은 경우입니다.

1. 방문 감사
2. 구매 감사
3. 입금 감사
4. 소개 감사
5. 생일, 결혼기념일 등의 기념일 축하

업종에 따라 차이는 있겠지만, 구체적으로 실제 현장을 떠올리면서 활용할 수 있는 상황을 생각해보세요.

첫 번째로 동영상을 보낼 만한 상황은 '방문 감사'가 있습니다. 상품 구매 여부를 떠나서 얼굴이 익은 고객이 방문했을 때 그 감사의 표시로 개별적으로 감사하는 마음을 담아 동영상을 보낼 수 있습니다.

예를 들어 음식점이라면, 다음과 같은 메시지를 보낼 수 있습니다.

"스즈키 님, 오늘 방문해주셔서 감사합니다. 오랜만에 아내분과 자녀분도 볼 수 있었습니다. 아이가 정말 빠르게 성장하는 것 같네요. 그래서 저희도 나이를 빨리 먹는가 봅니다. 요즘 일교차가 심합니다. 건강에 유의하며 일하시기 바랍니다. 감사합니다."

이때 영업 느낌을 지우고 신뢰관계를 형성하기 위한 커뮤니케이션이어야 한다는 사실을 잊지 말고, 재방문을 촉구하는 듯한 메시지는 피해야 합니다. 또한, 예문에서와 같이 접객을 하면서 기억에 남는 내용(이 글에서는 자녀의 성장 등)을 이야기한다면, 고객은 대화했던 내용을 기억해준 것에 대해 감동할 것이므로, 재방문을 촉구하는 말을 하지 않아도 신뢰관계를 구축할 수 있고, 자연스럽게 재방문 확률이 높아질 것입니다. 한편 건강에 대한 염려나 유머를 표현하고 있다는 점도 좋은 인상을 줄 수 있습니다.

친숙한 고객이 점포나 회사에 자주 방문하는 것은 경영자의 입장에서는 기쁜 일입니다. 그러한 마음을 솔직하게 표현하는 것이 고객을 가둬두는 가장 좋은 방법일 것입니다.

두 번째로 동영상을 보낼 만한 상황은 실제로 상품을 구매한 것에 대한 '구매 감사' 인사를 개별적인 동영상으로 보내는 것입니다. 특히 자동차, 보석, 부동산과 같은 비싼 상품의 경우에는 다른 곳이 아니라 다시 한번 우리 회사에서 구매한 것에 대해 확실하게 감사의 마음을 동영상으로 표현해야 합니다.

음식점이나 주유소 등 방문자 수가 많은 경우에는 구매 금액이나 상품에 따라 기준을 두어 그 기준에 해당하는 고객에게 '구매 감사' 동영상을 보내도록 합시다.

실제로 자동차 판매 회사의 예문을 소개하겠습니다.

"스즈키 님, 오늘 수많은 자동차 회사들 중에서 저희 회사와 다시 한번 계약해주셔서 감사합니다. 이처럼 다시 스즈키 씨의 자동차 생활을 돕게 되어 매우 기쁩니다. 정비에 만전을 기한 다음 확실하게 대응해드릴 것이므로 차가 도착할 때까지 즐겁게 기다려주세요. 또한, 아주 사소한 것이라도 좋으니 질문이 있으시다면 바로 말씀해주세요. 성심성의껏 답변해 드리겠습니다."

이러한 '구매 감사' 동영상에서 유의해야 할 점은 구매 및 계약을 한 것이 끝이 아니며, 오히려 이제부터 만전의 서비스를 제공할 것이라는 자세를 취하는 것입니다. 물론 다른 곳이 아니라 자사에서 재구매해준 것에 대한 감사의 마음을 표현하는 것도 중요합니다.

이러한 고객 관리 동영상을 보내면 고객의 만족도가 올라가고,

다시 몇 년 후에 재구매를 하거나 다른 고객을 소개할 가능성이 높아지게 됩니다.

세 번째로 동영상을 보낼 만한 상황은 대금의 지급이 확인된 시점에 '입금 감사' 인사를 하는 것입니다.

특히 고가의 상품이라면 고객은 자신이 입금한 돈이 제대로 도착했는지 불안할 수 있습니다. 그러한 불안함을 해소하기 위해 경리 담당자와 밀접하게 연계해 최대한 빨리 '입금 감사' 동영상을 보내십시오.

예를 들면, 다음과 같이 말할 수 있습니다.

"스즈키 님, 오늘은 바쁘신 와중에도 은행까지 발걸음하셔서 입금해주신 점, 감사드립니다. 보내주신 돈은 제대로 잘 받았습니다. 이제부터 상품을 받아보실 때까지 책임지고 응대해드릴 것이므로 계속해서 잘 부탁드립니다. 다시 한번 감사드립니다."

이러한 '입금 감사' 동영상 역시 '구매 감사' 동영상과 마찬가지로 입금 이후의 납품, 서비스 제공에 대한 성실한 자세를 보여주어야 합니다.

네 번째로 동영상을 보낼 만한 상황은 '소개 감사'입니다.
기존 고객이 만족한 결과, 다른 소개해준 상황에서 감사의 마음을 담아 보내는 동영상입니다. 기존 고객은 최대한의 만족을 얻었고, 그래서 다른 고객을 소개해준 것이므로, 방문 및 구매, 입금 감사 동영상보다 더욱더 감사하는 마음을 담아 표현해야 합니다. 그러면 기존 고객은 '이 회사를 소개하기를 잘했다. 분명 정성스럽게 대응해줄 거야'라고 안심하게 될 것입니다.

구체적인 예문은 다음과 같습니다.

"스즈키 님, 이번에 사토 님을 소개해주셔서 감사합니다. 소중한 고객님을 소개해주셔서 정말 감격스럽습니다. 사토 님에게 실례가 되지 않도록 만전의 서비스를 제공할 것이므로 잘 부탁드립니다. 이번에 소개해주셔서 다시 한번 감사드립니다."

'입금 감사' 동영상과 마찬가지로, 사실을 확인했다면 빠르게 보내야 합니다. 그리고 예문에서와 같이 소중한 고객님을 최대한 배려하겠다는 뜻을 표현해야 합니다.

다섯 번째로 동영상을 보낼 만한 상황은 '생일, 결혼기념일 등의 기념일 축하'입니다. 이때는 고객 장부나 고객 관리 시스템을 효과적으로 활용해 생일이나 중요한 기념일을 정확하게 관리하고, 그 시기가 다가오면 짧아도 좋으니 간단한 개별 동영상을 보내야 합니다.

다음은 예문입니다.

"스즈키 님, 오늘 생일을 맞이하신 것을 축하드립니다. 바쁘시겠지만 건강을 잘 챙기시기 바랍니다. 스즈키 님의 가족분들이 모두 한 해 동안 행복하게 지내시기를 바랍니다."

생일이나 중요한 기념일을 기억하는 것은 팬서비스의 기본입니다. 메시지의 내용은 정해져 있지 않으며, 상대에 따라 어느 정도 응용하시기 바랍니다.

고객 관리 시스템이 없다면 엑셀 등에 월별 시트를 만들어 관리할 수 있으며, 라인 공식 계정이 있다면 태그 기능을 사용해 월별로 그룹을 만들어 관리할 수도 있습니다.

소중한 고객의 기념일을 확실하게 관리하는 것은 고객 유지 전략의 기본 중의 기본입니다.

또한, 생일이나 결혼기념일만 고객의 중요한 정보인 것은 아닙니다.

진짜 개인정보는 주소, 전화번호, 생일과 같은 정보뿐 아니라, 그 고객의 '취미', '가족 구성', '자녀의 나이', '자녀가 다니는 학교나 학과', '직업', '가족이 자주 가는 여행지' 등 정성스럽게 접객했을 때만 얻을 수 있는 정보들입니다. 이러한 것들을 저는 '특별 개인정보'라 부릅니다.

그러한 '특별 개인정보'를 파악해놓으면, 이러한 고객 관리 동영상에서도 그러한 사소한 정보들을 언급할 수 있으며, 그러한 메시지를 받은 기존 고객은 '사소한 부분까지 기억하는 회사다'라는 생각에 한층 더 신뢰하게 될 것입니다.

예를 들어 실제로 한 음식점으로부터 이러한 메시지를 받은 적이 있습니다.

"스가야 님, 항상 저희 가게를 이용해주셔서 감사합니다. 전국에서의 강연 활동으로 바쁘신 줄 압니다. 취미인 복싱 관전은 코로나의 영향으로 잠시 뒤로 미루셔야겠네요. 올 여름에는 가와구치 호수로 가족 여행을 가신다고 들었습니다. 다음에 꼭 이야기를 들려주세요."

이 메시지를 보면 저의 직업이나 취미, 가족여행 등 접객했을 때 제가 이야기한 내용을 정성스럽게 기록해두었다가 작성한 것임을 알 수 있습니다.

앞으로 제가 가족과 함께 식사할 식당을 검토할 때 '머릿속의 검색 엔진'에서 첫 번째로 떠오르는 가게가 바로 이 가게가 될 것입니다.

'자이언스 법칙'이라는 것이 있습니다.

이것은 다른 말로 '단순 접촉 효과'라고 하는데, 접촉 횟수가 많은 상대에 대해 호감을 가진다는 뜻입니다.

제가 25년 전에 이바라키현의 ㈜히타치 제작소의 관련 회사에서 총무부에 속해 있을 때의 일입니다. 평균 연령이 27세로 매우 젊고, 남녀의 비율이 5:5인 이 회사에서는 매달 일정 수의 사내 결혼이 이루어졌습니다. 따라서 총무부에 제출된 혼인신고서가 많다는 것에 깜짝 놀랐습니다.

그들은 사무실에서 매일 얼굴을 맞대며, 점차 서로의 장점을 이해하게 되었고, 호의를 갖고 교제해 결혼하게 되었을 것입니다. 이것 역시 제가 실제로 체험한 '자이언스 법칙'의 효과입니다. 이러한 '자이언스 법칙'에 근거해 기존 고객과의 접촉 빈도를 비대면이나마 유튜브를 통해 증가시키는 것이 '유튜브 고객 관리 기술'이라고 할 수 있습니다.

유튜브와 병용해
효과를 높이는
전략적 아날로그 툴

여기서는 유튜브를 통한 고객 관리와 병용해 효과적으로 고객을 유지하기 위한 아날로그 툴에 대해 말씀드리겠습니다. 이러한 상승효과를 노린 종합적인 고객 유지를 확립하시기 바랍니다.

제가 주최하는 경영 스쿨이나 경영 컨설팅에 참여한 기업을 보고 느낀 점이 있습니다. 바로, 실적이 안정된 회사는 인터넷 영업에만 의존하지 않고 아날로그 영업과 오프라인 영업을 겸비한 삼박자 영업 활동을 펼치고 있다는 것입니다.

인터넷 영업이란 지금까지 말씀드린 유튜브, SNS, 홈페이지 활용 등입니다. 아날로그 영업이란 전단지나 지역 정보지 등의 종이 매체를 활용하는 것입니다. 오프라인 영업은 직접 고객을 만나는 것입니다.

여기서 일단 기억해야 하는 것이 '미디어 믹스'입니다. 미디어 믹스란 인터넷 영업과 아날로그 툴을 믹스(혼합)한 활용 방법입니다. 구체적으로 말하자면, 전단지나 지역 정보지 등에 자사의 사이트, 유튜브, SNS, 라인 공식 계정에 접속할 수 있는 QR 코드를 싣고, 전단지나 지역 정보지를 본 사람이 자사의 정보를 접할 수 있게 해 라인 등으로 연락을 취하게 하는 것입니다.

전단지나 지역 정보지는 지면의 제약이 있기 때문에 기업의 정보를 충분히 전달할 수 없습니다. 그래서 이러한 종이 매체를 본 독자가 직접 홈페이지나 유튜브, SNS를 찾아올 수 있게 하면, 더욱 정확하게 자사의 정보를 전달할 수 있고, 종이 매체가 가진 지면의 제약에서 벗어날 수 있습니다.

또한, 전단지나 지역 정보지를 통해 들어온 문의는 원래 대부분 전화였습니다. 하지만 요즘은 전화를 잘 하지 않는 것이 트렌드이므로 라인 공식 계정을 만들고, QR 코드를 실어 라인을 통해 문의하도록 마련할 수 있습니다. 즉 종이 매체를 활용하는 경우에도 항상 인터넷과의 연계를 의식해야 합니다. 미디어 믹스 활용 기술을 의식하면 더 많은 반응을 이끌어낼 수 있습니다.

여기서는 인터넷 영업과 병용하면 위력을 발휘하는 아날로그 툴에 대해 소개하겠습니다. 제가 추천하는 툴은 '스가야식 뉴스레터'라 불리는 전략적인 인쇄물과 자필 엽서입니다. 둘 다 제가 20년 동안 계속해서 사용했으며, 큰 성과를 거둔 툴입니다. 이 두 가지 툴을 지금까지 소개한 '유튜브 고객 관리 동영상'과 함께 활용하면, 종합적인 고객 관리를 할 수 있습니다.

먼저 뉴스레터에 대해 말씀드리겠습니다.

제가 추천하는 방법은 A4 크기의 두꺼운 종이 한 장으로 만드는 뉴스레터입니다. 가장 큰 포인트는 투명하든 불투명하든, 봉투에 넣는 것이 아니라 그 상태 그대로 우표를 붙여 발송하는 것입니다. 어떤 택배 회사든 이러한 크기의 뉴스레터를 배송해주기 때문에 주거래 택해 회사와 단가를 상의하면 좋을 것입니다.

이러한 봉투에 들어가지 않는 형태의 뉴스레터를 저는 '네이키드 스타일' 뉴스레터라고 부르는데, 이것은 정독률이 매우 높고 기존 고객과의 커뮤니케이션에 큰 도움이 됩니다. 앞면에는 회사나 경영자의 최신정보 및 근황을 적고, 뒷면에는 고객의 소리나 서비스 안내를 하면 됩니다.

A4 한 장의 양면에 인쇄된 형태이므로, 총 2페이지만 편집하면 된다는 것이 큰 장점이며, 저 역시 매달 한 번씩 약 30분 정도만에 뉴스레터를 만들고 있습니다. 이러한 레이아웃이나 스타일도 매달 계속 실천할 수 있었던 이유 중 하나입니다. 내용 면에서 영업한다는 느낌을 주지 않고, 회사와 자기 자신의 근황 보고를 중심으로 해 커뮤니케이션을 중시하도록 합시다. 그러면 고객이 다음에 방문할 때 뉴스레터의 내용을 가지고 대화를 시작할 수 있으며, 그 결과 커뮤니케이션이 향상되고, 재방문률도 향상되며, 재구매

율도 향상될 것입니다.

당사가 20년 동안 매달 발행해온 뉴스레터

당사의 뉴스레터 사례를 보면 알 수 있듯이 지면 곳곳에 QR 코드가 인쇄되어 있는데, 예를 들어 뒷면의 '최신 고객의 소리'라는 간단한 기사와 함께 그 기업의 정보를 볼 수 있는 QR 코드가 게재되어 있습니다. 또한, 라인 공식 계정에 등록하도록 하기 위해 뒷면에는 반드시 커다랗게 라인 공식 계정의 QR 코드를 게재하고 있습니다.

이러한 것들 역시 앞서 말씀드린 미디어 믹스 효과를 노린 것입니다. 뉴스레터를 당사처럼 매달 보내기 힘들다면, 일단은 계절별로 1년에 네 번 간행해볼 수 있을 것입니다. 그러면 유튜브 고객 관리 동영상과의 상승 효과가 발생해 고객과 충분히 커뮤니케이션을 취할 수 있어 결과적으로 고객 유실을 방지하고, 재구매가 증가하게 될 것입니다.

다음으로 고객 관리를 목적으로 하는 자필 엽서입니다. 이것은 세일즈에 주안점을 둔 DM과는 달리, 고객과의 커뮤니케이션을 목적으로 하는 엽서입니다. 귀찮더라도 앞면에 있는 고객의 이름과 뒷면의 메시지를 반드시 자필로 작성함으로써 DM과는 달리 한 통한 통 진심을 담아 썼다는 인상을 주도록 합시다.

엽서에 쓸 내용은 지금까지 유튜브 고객 관리 동영상에서 설명한 것처럼 영업한다는 느낌을 지우고, 시기에 맞는 인사와 앞서 말한 '특별 개인정보'와 관련된 메시지를 담을 수 있습니다.

뒷면의 절반 정도는 일러스트나 사진 등을 넣고, 글은 다섯 줄정도만 작성하는 것이 포인트입니다. 그러면 작성하는 데 대한 부담감이 줄어들어 지속적으로 실천할 수 있습니다. 그 결과, 타사에는 없는 자필 엽서를 통한 커뮤니케이션이라는 훌륭한 습관이 여러분의 회사에 정착되게 될 것입니다.

당사가 주최하는 경영 스쿨 수강생이 직접 쓴 엽서

3개월에 한 번 이상 자필 엽서를 고객에게 보내는 습관을 가진 미용실은 도산하거나 폐업하지 않는다는 데이터를 통해 알 수 있듯이 정성스럽게 쓴 자필 엽서에는 큰 효과가 있습니다.

회사의 근황을 보고할 경우에는 엽서의 여백에 유튜브 동영상으로 연결되는 QR 코드를 두어 자필 엽서에서도 미디어 믹스를 실천할 수 있습니다.

고객 관리에서
활용하면 좋은
매뉴얼 동영상

지금까지 말한 것처럼 클로징 동영상과 고객 관리 동영상은 유튜브 비공개 기능을 활용할 수 있습니다. 유튜브 비공개 동영상을 더 잘 활용하려면 'FAQ 동영상', '디렉션 동영상', '교육 동영상'으로 활용할 수 있습니다.

여기서는 유튜브 비공개 기능을 사용하는 3가지 동영상 활용법을 통해 고객의 만족도를 더욱 높이고, 업무 효율을 향상하는 방법에 대해 말씀드리겠습니다.

첫 번째로 'FAQ 동영상'입니다.

여러분의 회사에서는 기존 고객에 대해 효과적인 후속 관리를 하고 있습니까?

예를 들어, 주택 회사라면 "가스 기구의 상태가 안 좋으니 확인하러 와 주세요"라는 요구를 받거나, 자동차 판매 회사라면 "새로 산 차의 상태가 안 좋으니 바로 와 주세요"라는 식의 방문 요청을 받을 때가 있습니다. 이러한 고객의 요구에 대응하고자, 편도 1시간 되는 거리까지 직접 찾아가서 도움을 준 적이 있지 않으십니까? 가령 일주일에 한 번, 편도 1시간 거리의 고객을 지원한다면, 연간 100시간이 넘는 시간을 이동하는 데에 사용해야 합니다. 게다가 현장에서 요구를 처리하는 시간을 생각하면 1년에 150시간에서 200시간을 할애하게 됩니다.

시급이 만 원인 직원을 채용한다면 1년에 200만 원, 정사원이라면 그보다 훨씬 더 많은 인건비를 지급해야 하지만, 이번에 소개할 '교육 동영상'을 활용하면, 그러한 시간과 비용을 크게 절감할 수 있습니다.

'FAQ 동영상'이란 사전에 자주 하는 질문에 대한 답변과 설명을 동영상으로 만들어두고, 그것을 필요로 하는 고객에게 보냄으로써 온라인으로 고객을 지원하고 업무 효율을 높이는 방법입니다. 먼저 여러분의 회사에서 고객이 많이 하는 질문과 상담 주제, 반복해서 설명해야 하는 상황을 목록으로 작성하십시오.

당사에서는 '구글 분석을 사용하는 방법', '유튜브 관리 동영상을 보는 방법', '유튜브 공개/비공개 전환 방법', '라인 공식 계정의 리치 메시지를 만드는 방법' 등을 자주 하는 질문으로 꼽고 있습니다. 이전에는 그러한 질문이 들어올 때마다 메일로 답변했지만, 고객을 충분히 이해시키지 못해 곤란했습니다. 도저히 이해하지 못하는 고객에게는 전화로 응대하거나 직접 만나 설명하곤 했습니다. 특히 컴퓨터나 기계를 조작하는 부분은 글로만 설명해 고객을 충분히 이해시키기 어려우며, 시각적으로 이해하기 쉬운 설명을 해주어야 합니다. 여기서 유튜브 비공개 동영상을 사용할 수 있습니다. 고객이 자주 하는 질문에 대해 미리 각각의 설명 동영상을 만들어놓고, 비공개 모드로 유튜브에 올려놓는 것입니다. 그런 다음 메일이나 라인을 통해 들어온 고객의 질문에 대해 그 'FAQ 동영상'을 사용해 답변하면 됩니다.

리모델링 회사라면 유닛버스나 시스템 키친을 조작하는 방법을 동영상으로 만들 수 있으며, 시스템 판매 회사라면 당사와 같이 컴퓨터 화면을 조작하는 방법을 촬영할 수 있습니다.

그러면 고객도 답변의 내용을 충분히 이해할 수 있고, 결과적으로 고객을 지원하는 데 들어가는 시간과 비용을 줄일 수 있으므로, 업무 효율이 크게 증진될 것입니다.

저자가 인터넷 쇼핑몰을 구축하는 'BASE'에 대해 설명하는 FAQ 동영상

　두 번째로 '디렉션 동영상'입니다.

　사원이나 협력회사, 파트너 기업의 구성원에게 업무 내용을 설명해야 할 일이 있을 것입니다. 그럴 때 시간과 장소의 제약 없이 활용할 수 있는 것이 '디렉션 동영상'입니다. 디렉션 동영상에서는 리더가 업무 내용과 주의할 점, 구성원의 역할 분담 등에 대해 유튜브 비공개 동영상을 통해 설명하고, 그 내용을 멤버에게 공유할 수 있습니다.

　당사에서는 이전에 기업을 대상으로 하는 웹사이트 제작 사업을 한 적이 있는데, 그때 사외 사트너인 디자이너, 카피라이터, 프로그래머 등 모두가 서로 떨어져 있었으므로, 디렉션 동영상을 사용해 업무를 설명했습니다. 그랬더니 메일이나 문서만으로는 전달하지 못했던 색깔이나 형태, 뉘앙스 등의 디자인 요소를 정확하게 전달할 수 있었고, 사외 파트너와 효율적으로 함께 작업할 수 있었습니다.

앞으로 원격근무가 정착되게 되면 근무 장소에 상관없이, 그리고 시간적인 구속에서 벗어나 디렉션 동영상을 통해 구성원에게 업무 내용을 전달할 일이 많아질 것입니다. 그러한 디렉션 동영상을 구성원 간에 공유하는 수단으로는 라인 그룹 또는 채트워크가 있습니다.

저자가 사이트 디자인의 세부점을 설명하는 디렉션 동영상

마지막은 '교육 동영상'입니다.

여러분의 회사 사원을 교육할 때, 시간과 장소를 지정해 함께 모여 연수를 진행했을 것입니다. 또한, 각 사원에게 종이로 된 업무 매뉴얼을 제공해 업무를 이해시켰을 것입니다. 그처럼 사원을 교육할 때도 교육 동영상을 준비해놓으면, 시간과 장소의 제약 없이 효율적으로 교육할 수 있습니다. 교육 동영상은 신입사원, 중견사원, 간부 등 계층별로 준비할 수 있으며, 물론 파트타임이나 아르바이트생을 위한 초보적인 교육 동영상을 준비할 수도 있습니다.

교육 동영상을 잘 준비해놓으면, 신입사원이나 아르바이트생이 입사 첫날을 맞이하기 전에 집에서 교육 동영상을 통해 업무 내용을 어느 정도 파악하고서 현장에 투입될 수 있습니다. 현장에서의 교육(OJT)은 최소한으로 줄일 수 있습니다.

제가 20대 시절에 다녔던 ㈜히타치 제작소의 관련 회사에서는 당연히 종이 매뉴얼을 분야별로 마련하고 있었습니다. 그렇게 하면 검색성이 떨어지기 때문에 정보를 찾는 데 시간이 걸리고, 글을 통한 설명에 의존하기 때문에 표현력이 부족해 설명을 이해하기 어려워질 수 있습니다. 사진이나 그림 등을 사용해 설명한다 해도 교육 동영상만큼 훌륭한 설명을 하기는 어렵습니다.

제가 이전에 기업 연수를 담당했던 한 자동차 학교에서는 신입 지도원에게 효율적으로 사원 교육을 실시하기 위해 다수의 교육 동영상을 만들었습니다. 입사하기 전에, 그리고 입사한 후에도 그 교육 동영상을 사용해 효율적으로 인재를 양성했습니다.

또한 교육 동영상의 검색성을 향상시키는 방법을 보자면, 유튜브 동영상을 묶어서 정리하는 '재생목록'을 사용해 분류함으로써, 필요한 동영상을 찾기 쉽게 할 수 있습니다.

저자가 기업 연수를 하면서, 조수에게 마스크 착용 등 연수 당일의 지원 내용에 대해 설명하는 '교육 동영상'

교육 동영상을 만들어놓으면, 직원들은 그것을 반복적으로 시청할 수 있고, 개인의 시간에 맞게 복습할 수도 있습니다. 특히 글로는 설명하기 어려운 기계 조작법을 효율적으로 알려줄 수 있습니다. 그 결과, 한 사람 몫을 하게 되기까지 걸리는 시간이 단축될 것입니다.

요즘 같은 원격근무 시대에는 출근하지 않아도 자택이나 직원들이 좋아하는 곳에서 교육 동영상을 통해 효율적으로 학습할 수 있는 환경을 만드는 것이 우리 경영자에게 주어진 역할이라고 할 수 있습니다.

제5장

유튜브 원격근무 영업으로
성공한 4명의
성공자로부터 배운다

성약률 89%, 연 매출 11배가 된
가족 3명이 경영하는 격전지,
가와고시시의 부동산 회사

키즈나 주택⒜ 가와시마 다이 씨(사이타마현 가와고시시)

'지은 지 ○년 된 노후화된 집의 집세를 올려서 3개월 만에 만실이 되었다'라는 전설을 가진 사이타마현 가와고시시의 주택 부동산 회사 키즈나 주택⒜의 가와시마 다이 씨.

가와시마 씨는 대형 주택 회사, 부동산 회사에서 근무한 경험을 거쳐, 2011년 3월에 부부가 함께 키즈나 주택⒜를 창업했습니다. 그러나 동일본 대지진으로 인해 회사가 그야말로 뿌리째 흔들리게 되었습니다. 역 주변의 대형 부동산 회사와는 달리, 키즈나 주택이 있는 곳은 역에서 도보 20분 거리에 있는 주택 겸 사무소

였습니다. 주위 사람들이 "그런 곳까지 고객이 올 리가 없다"면서 핀잔을 주었던 곳입니다.

그런데 가와시마 씨는 업계 실정을 냉정하게 분석해 '평생 함께하는 주택 부동산 회사로서 업계의 상식을 깨뜨리자'라는 성공을 위한 확고한 자신감이 있었습니다. '내가 어떻게 고객을 대하는지 여실히 드러낸다면, 구태의연한 타 부동산 회사와의 차이점을 알아줄 것이다' 하는 자신감 말입니다. 그처럼 여실히 드러내줄 수 있는 유용한 툴이 바로 유튜브였습니다.

실제로 현재 가와시마 씨는 성공률 80%를 유지하고 있으며, 유튜브를 비롯해 인터넷과 아날로그 툴을 모두 구사하는 '얼굴이 보이는 경영'을 하고 있습니다. 20만 원짜리 집이든, 25억 원짜리 대저택이든 가와시마 씨가 직접 대응하기 때문에 그 투명성을 통해 고객에게 신뢰를 얻고 있습니다.

가와시마 씨는 창업과 동시에 유튜브를 시작했습니다. 9년 동안 운영하면서 업로드한 동영상의 개수는 2,000개, 구독자는 만 명이 넘습니다. 그러한 동영상에서는 지은 지 50년 된 노후화된 집을 가와시마 씨가 어떻게 비용을 들이지 않고 되살릴 수 있었는지, 벽지 한 장까지도 모두 가와시마 씨가 고르고, 집세 20만 원짜리 매물을 매력적으로 탈바꿈했는지를 다큐멘터리 형식으로 생생하게 표현합니다.

매물뿐 아니라 빈집 때문에 고민하는 집주인, 예산 내에서 이상적인 삶을 실현하고자 하는 입주자, 신축을 고려하는 자녀를 가진 부부 등 가와고시시에 사는 다양한 사람들이 가와시마 씨의 유튜브를 통해 그의 '고객을 대하는 방식'을 접하게 되어 역에서 20분이 떨어진 거리에 있는 사무실까지 찾아옵니다.

지금은 고객 모집 때문에 고민하는 일 없이 홍수처럼 밀려드는 고객 중에서 이상적인 고객만을 모아 운영할 수 있다고 말합니다.

예를 들어, 어느 날 "집을 구하고 싶은데요"라면서 유튜브를 본 고객이 방문합니다. 그 대화가 15억 엔 상당의 매물에 관한 이야기로 이어지기도 합니다. 그 이유는 "사원에게 맡기지 않고, 경영자가 직접 유튜브 동영상에 출연해 일하는 모습을 보여주기 때문"이라고, 가와시마 씨는 말합니다.

"직원과는 달리 경영자는 자사의 상품, 서비스가 훌륭하다는 자신감을 갖고 있습니다. 그것이 상대방에게 전달되지 않으면 고객은 반응하지 않습니다. 반대로 그러한 자신감과 진심이 상대방에게 제대로 전달되면, 실적도 반드시 좋아지게 됩니다."

그것을 위한 효과적인 툴이 유튜브라고, 가와시마 씨는 말합니다.

중소기업의 바쁜 경영자라면 한 번쯤은 '내 분신이 하나만 더 있었으면…' 하는 마음이 드는데, 유튜브는 이때도 효과를 발휘합니다. 마치 가와시마 씨의 분신처럼 24시간 내내 유튜브 동영상이 가와시마 씨의 생각과 일하는 모습을 보여주고, 매물을 소개합니다. 대기업보다 인력도 달리고 언제나 시간과 싸워야만 하는 중소기업에는 그야말로 구세주와도 같은 툴이 바로 유튜브라고 할 수 있습니다.

가와시마 씨의 분신이 되어 우수한 영업 사원 역할을 해주는 유튜브. 그러한 '분신 영업 사원' 효과까지 합쳐져 키즈나 주택을 찾는 유망고객. 그 성공률이 80%라는 사실에 저는 매우 놀랐습니다.

물론 신축이라면 비교적 장기간에 걸쳐 검토해야 하기 때문에 정식 계약을 하기까지 여러 해가 걸리기도 하지만, 어쨌든 한 번 가와시마 씨에게 관심을 가진 유망고객의 80%는 타사로 옮겨가는 일 없이 키즈나 주택에서 계약을 체결합니다.

"저는 고객을 돈이라고 생각하지 않습니다. 언제나 '필요할 때 말씀해주세요'라고 합니다. 그래서 계약 과정에서 어쨌든 마지막에는 저를 믿어주어 계약해주시는 것이라고 생각합니다."

그러한 가와시마 씨의 '밀어붙이지 않는 영업'이 유망고객과의 신뢰관계를 형성해 결과적으로 높은 성약률을 유지하고 있는 것입니다. 가와시마 씨가 접객할 때면 고객들은 "이 매물을 사고 싶은데 어떻게 해야 하나요?", "이 집에 살고 싶은데 다음으로 어떤 수

속을 밟아야 하나요?"라는 말을 합니다.

그러한 '세일즈가 필요 없는 세일즈'를 실현할 수 있게 된 배경에는 사전에 유망고객이 가와시마 씨의 유튜브 동영상을 수십 번씩 시청함으로써 큰 신뢰심을 갖게 되어 불안함이 없는 상태라는 점을 들 수 있습니다.

유튜브 동영상이 가와시마 씨의 신념을 전달하기 때문에 유망고객은 가와시마 씨의 생각을 이미 아는 상태에서 첫 면담을 하러 옵니다. 그렇기 때문에 효율적인 상담을 할 수 있는 것입니다.

회사 밖에서 첫 상담을 할 경우, 가와시마 씨가 현지로 가면 고객은 "아, 동영상에서만 봤는데, 진짜 가와시마 씨네요"라며 감탄합니다. 가와시마 씨는 고객을 처음 만나는 건데도 말입니다.

가와시마 씨는 그러한 현상을 '연예인 효과'라고 합니다. 고객은 "오늘은 안경을 안 쓰셨네요"라면서 아주 사소한 부분도 살펴봐줍니다. 사전에 가와시마 씨의 유튜브 동영상을 얼마나 많이 봤는지 알 수 있죠.

유망고객의 심리를 보자면 키즈나 주택의 상품을 구입하는 첫 번째 후보로 정해두고 있기 때문에 가와시마 씨를 만나는 이유는 단순한 사실 확인과 설명을 듣고 싶은 것에 지나지 않는 경우가 대부분입니다.

가와시마 씨의 유튜브 동영상은 소개를 촉진하는 데서도 큰 역할을 합니다. 유튜브 동영상의 존재로 인해 고객은 친구나 지인에게 가와시마 씨의 생각이나 일하는 모습을 시각적으로 전달할 수 있어 다른 고객을 소개하기가 더 쉬워집니다. '친구나 지인을 소개하는 것은 좋지만, 만약 이 회사를 마음에 들어 하지 않으면 어떡하지?'라는 잠재적인 고민을 유튜브 동영상이 해소시켜 줍니다. 왜냐하면 고객은 친구나 지인에게 "일단 유튜브 동영상을 봐. 보고 마음에 들면 찾아가 봐"라면서 가볍게 권할 수 있기 때문입니다. 가와시마 씨의 유튜브 동영상은 효과적으로 소개의 장을 넓혀주어 신규 고객의 70%를 기존 고객의 소개로 인해 얻게 되는 안정적인 영업을 가능하게 합니다.

또한, 매물의 관리를 의뢰하는 집주인 역시 가와시마 씨의 소중한 고객입니다. 매물의 장점을 짚어주는 모집 전단지를 만들어 고객을 모아 집주인에게 입주자를 소개하는 것뿐 아니라, 집주인을 위한 폭넓은 서비스도 전개하고 있습니다.

예를 들어 가와시마 씨는 집주인을 위해 입주자가 퇴실할 때 찾아갈 수 없는 집주인에게 수리할 부분을 설명하는 동영상을 녹화해 유튜브 비공개 동영상의 형식으로 개별적으로 보내줍니다. 이처럼 집주인을 위한 서비스와 업무 효율의 향상을 위해서도 유튜브 비공개 동영상을 활용하고 있습니다.

"유튜브는 지속해야 합니다. 유튜브를 시작하자마자 곧바로 결과가 나오는 일은 없습니다"라고 말하는 가와시마 씨. 9년에 걸쳐 유튜브 업로드를 해오면서 최근 3년 정도는 특히 빠르게 성과를 보게 되었다고 합니다. 그런 의미에서 유튜브 비즈니스 활용의 성공이란 특정한 시기를 지나면 단숨에 향상하는 '2차 곡선'을 그린다는 법칙이 있습니다. 가와시마의 유튜브 채널의 조회 수는 100만 뷰가 넘는데, 그 수치는 전년도 대비 3배 정도 증가한 것이라고 합니다. 주택 부동산 업계를 유튜브 동영상으로 이끌고 있는 가와시마 씨의 앞으로의 활동에 주목하길 바랍니다.

키즈나 주택(주)의 유튜브 채널

유튜브를 올린 다음 날은
천만 원이 넘는 바이크를
연달아 성약해 연 매출이 6배로!

스즈키 모터스(SUZUKI MOTORS) **스즈키 다카히로 씨**(야마가타

현 사카타시)

야마가타현 사가타시는 호설(皓雪)지대임에도 불구하고 한 대
에 천만 원이 넘는 고가의 바이크를 유튜브로 잇달아 판매하고 있
는 바이크 가게가 있다면, 여러분은 믿으시겠습니까? 게다가 야마
가타현뿐 아니라 일본 전국 각지의 바이크 애호가들이 현물을 한
번도 보지 않고도 주저하지 않고 고가의 바이크를 구매합니다.

오토바이 업계는 저출산으로 인한 인구 감소와 젊은 세대의 관
심이 낮아지면서 사양 사업으로 인식되고 있습니다. 그런데 스즈
키 모터스의 스즈키 다카히로 씨는 유튜브를 최대한 활용해 날개

돈친 듯 바이크를 전국 각지에 판매하고 있습니다. 이제는 바이크 판매 업계를 이끌어가는 존재라고 해도 과언이 아닐 것입니다.

스즈키 씨는 바이크 판매점을 운영하는 부모님 밑에서 자라서 대학생 때 유튜브에서 본 바이크 세계 선수권 동영상에 감동을 받아 자신도 바이크의 세계에 발을 담그기로 했습니다. 시즈오카현의 바이크 레이스 팀에서 정비공으로 일하게 되었고, '스즈카 8시간 내구 로드 레이스'를 비롯해 일본의 바이크 경주를 돌아다녔습니다.

2016년에 본가가 있는 사카타시로 돌아온 스즈키 씨는 집안 사업을 잇게 되었습니다. 전통적인 바이크 가게와 다를 것이 없는 점포에는 우체국이나 신문 배달원이 타는 바이크나 당시 은행원이 루트 세일즈를 할 때 사용했던 수많은 바이크들이 늘어서 있었습니다. 하지만 그러한 바이크들에 대한 수요가 줄어듦으로써 회사 경영이 위기를 맞이하게 되었습니다.

위기감을 느낀 스즈키 씨는 수출 회사 ㈜CARRY를 설립했습니다. 인맥을 살려 사카타 항에서 대만을 중심으로 필리핀, 홍콩, 마카오 등에 바이크를 수출함으로써 수익을 올렸습니다. 2016년까지는 다양한 일본 국내 바이크 기업을 취급했지만, 그 이후로는 바이크 기업인 '스즈키'의 정규 딜러로서 스즈키 자동차에 중점을 두고 판매하기 시작했습니다. 그러한 추려내기 전략이 힘을 발휘해 도호쿠 지역에서는 한 손에 꼽는 딜러가 되었습니다. 또한,

2017년에는 본가인 스즈키 모터스와 함께 보험 대리점을 정식으로 매수해 국내외의 판매와 보험을 일체화한 ㈜CARRY를 통해 사업 기반을 다졌습니다.

스즈키 씨는 2016년 2월에 사카타 공업 회의소에서 개최된 저의 유튜브 강연회를 수강했습니다. 바이크를 판매하는 커다란 무기로서 유튜브를 전략적으로 업로드하기 시작했습니다. 스즈키 씨의 유튜브 동영상은 차량을 중점적으로 소개합니다. 새 제품뿐만 아니라 스즈키 씨가 사용자로부터 구입한 중고 등 다양한 바이크를 유튜브 채널에서 소개합니다. 그러한 동영상들에서는 가게 안에 있는 바이크 한 대 한 대 옆에 스즈키 씨가 서서 그 바이크의 매력을 직접 소개합니다. 스즈키 씨는 다음과 같이 말합니다.

"처음에는 (스가야가 강연에서 지도한 대로) 1분짜리 동영상에 도전했지만, 1분 동안 설명하기도 쉽지 않았습니다. 하지만 익숙해지니 그 바이크에 대한 마음이 흘러넘쳐 한 대에 10분 정도는 이야기할 수 있게 되었습니다."

바이크 판매 업계에서는 인터넷을 통한 판매가 성행하고 있습니다. 하지만 대부분은 사진과 글자로만 설명합니다. 스즈키 씨는 "바이크는 왁스를 바르고 빛을 쏘이면 깔끔한 사진을 찍을 수 있습니다. 어떤 바이크든 반짝반짝하게 보입니다. 그런데 현물을 보면 작은 상처들이 보일 수 있어 고객들이 실망하는 경우가 있습니다. 저는 그러한 일을 하고 싶지 않았습니다"라고 말합니다.

시동이 걸리지 않는 등 상태가 안 좋은 바이크라도 "엔진이 튼튼합니다"라는 거짓말을 늘어놓는 광고를 게재하는 점포도 있습니다. 업계의 그러한 악습을 스즈키 씨는 유튜브를 활용해 잇달아 타파하고 있습니다. 스즈키 씨의 바이크 소개 동영상에서는 "이 부분에 이러한 흠집이 나 있습니다"라던가 "타이어는 이만큼 마모되어 있습니다"와 같이 차량의 부정적인 정보까지도 표현합니다. 또한, 가격이 불투명하고 모호한 것이 업계의 상식이지만, 스즈키 씨는 유튜브를 통해 성실히 답변합니다.

차량 가격, 정비 비용, 등록 비용 등 견적 금액 내역을 정성스럽게 유튜브 동영상을 통해 전달할 뿐 아니라, 주행거리나 연식 등의 스펙, 상태에 대해서도 상세히 설명합니다. 또한, 판매의 결정적 요인이 되는 것은 유튜브 동영상을 통해 표현하는 '엔진 소리'입니다. 실제로 스즈키 씨가 액셀을 밟아 엔진이 내뿜는 박력 있는 소리나 진동을 동영상을 통해 표현할 수 있어 라이더가 가장 궁금해하는 차량의 상태를 정확하게 전달합니다.

스즈키 씨의 유튜브 동영상의 진정성은 이것이 끝이 아닙니다. 차량의 자세한 정보에 더해 스즈키 씨는 '이 바이크를 타면 어떤 바이크 생활을 누릴 수 있는지', '어떤 옷이 이 바이크와 잘 어울리는지'와 같은 독자적인 제안을 곁들여 열정적으로 이야기합니다. 그 동영상을 본 시청자는 '이 바이크를 타면 이런 미래를 얻게 되겠구나' 하는 기대감을 갖게 됩니다.

그야말로 '상품은 30, 세일즈 70'의 판매 전략입니다. 가령 똑같은 차량이라도 스즈키 씨의 독자적인 관점에서 라이더가 즐겁게 타는 방법을 제안함으로써 라이더의 입장에서는 '스즈키 씨에게서 바이크를 사자'라고 생각하게 될 만한 큰 이유가 됩니다.

이렇게 해서 스즈키 씨가 축적해온 유튜브 동영상은 900개가 넘으며, 채널 구독자 수는 14,000명이 넘습니다. 조회 수가 가장 많은 '스즈키 하야부사'를 소개하는 동영상은 조회 수가 44만입니다. 바이크 애호가뿐 아니라 바이크 업계 전체가 스즈키 씨의 유튜브에 주목하고 있음을 수치를 통해 알 수 있습니다.

스즈키 씨가 체험한 유튜브의 위력은 '신규 고객과의 거리감과 상담 속도'라고 합니다.

유튜브 동영상을 통해 시청자인 고객은 스즈키 씨에 대해 친근함을 가지며, 직접 만났을 때에도 첫 만남이라고는 생각하지 못할 정도로 신뢰심과 이해심을 가집니다. 그 결과, 빠르고 원활하게 상담을 진행할 수 있고, 높은 성약률을 달성하고 있습니다.

또한 도호쿠 지역뿐 아니라 간토 지역까지는 스즈키 씨가 직접 자동차에 바이크를 실어 차량을 납품하거나 사기 위해 고객을 찾아갑니다. 그 현장에서 찍은 동영상도 '야마가타뿐 아니라 이런 장소까지 책임감을 갖고 납품하는구나' 하는 고객의 신뢰를 얻어 판매 지역이 전국으로 확대되었습니다.

과거에 야마가타에서 멀리 떨어진 가고시마에 있는 고객에게 고급 바이크 '스즈키 하야부사'를 판매했을 때의 이야기입니다. 가고시마의 고객은 현물을 직접 확인하고 싶어 했습니다. 하지만 가고시마에서 야마가타까지 바이크를 보러 가기에는 시간이 아까웠습니다. 그래서 스즈키 씨는 "실물을 보는 것보다 더 가치 있는 동영상을 고객님에게 보내드리겠다"면서, 유튜브 비공개 동영상을 사용해 더욱 자세하게 상품을 소개하고 판매를 제안했습니다. 그 비공개 동영상을 통해 스즈키 씨는 가고시마의 고객을 위한 납차 비용, 유튜브 채널상에서 일반 공개되어 있는 정보 이외의 정보를 정성스럽게 설명했습니다. 그 동영상을 보고 감동받은 고객은 "감사합니다. 실물을 보지 않았지만, 스즈키 씨와 계약하겠습니다"라며 구입을 결심했습니다.

　　스즈키 씨가 판매 지역을 확대하는 데 성공한 것은 한 대 한 대의 바이크에 대한 정보를 정성스럽게 숨김없이 유튜브 동영상을 통해 이야기하고, 특히 다른 지역에 사는 고객에게는 그 불안함을 없애기 위한 개별적인 유튜브 비공개 동영상을 활용했다는 점이 큰 이유라고 할 수 있습니다. 유튜브 클로징 전략이 성공했다고 할 수 있습니다.

　　스즈키 씨는 유튜브 비공개 동영상을 더 많이 활용합니다. 멀리 있는 고객에게 차량을 '납품하는 동영상'이나 납품 시의 설명, 기계 조작 방법 등도 유튜브 비공개 동영상을 통해 개별적으로 보냅니다. 또한, 차량 정비 과정도 동영상으로 찍어 고객에게 개별적으로 보내기도 하므로 고객이 안심할 수 있게 합니다.

이러한 개별적으로 보내는 유튜브 비공개 동영상을 활용하는 것은 스즈키 씨가 현장에서 다양한 아이디어를 짜고, 시행착오를 거치고, 최고의 팬 서비스를 하기 위해 무엇을 해야 하는지 항상 생각해온 결과라고 할 수 있습니다.

스즈키 씨는 이러한 유튜브의 종합적인 활용 덕분에 하루에 한 대씩 천만 원 이상의 고급 바이크를 유튜브로 판매하고 있으며, 그 결과 단기간에 연 매출이 6배로 뛰는 큰 발전을 보였습니다.

스즈키 씨의 시책은 앞으로도 바이크 업계뿐 아니라 유튜브를 활용하는 고액 상품 판매 전략의 모범 사례로써 많은 기업으로부터 주목받는 존재가 될 것입니다.

스즈키 모터스의 유튜브 채널

유튜브 전략으로 인바운드를
비약적으로 성장시켜
매출을 2배로 만든
관광 의상 대여점

갤러리 M.a.k 마가라 슈지 씨(홋카이도 하코다테시)

유튜브에 의해 15,000명의 고객을 획득하고, 9개국으로부터 3,000명의 인바운드 고객을 모집한 의상 대여점이 있습니다. 10원도 들이지 않고, 매출이 2배로 뛰었습니다. 홋카이도 하코다테시의 의상 대여점 '갤러리 M.a.k'의 마가라 슈지 씨가 바로 그 주인공입니다.

마가라 씨는 1967년에 하코다테에서 태어나 그곳에서 자랐습니다. 물류회사에 근무하면서 초등학생 때부터 관심 있었던 아악(雅楽) 연주를 배웠습니다. 전통 문화인 아악을 통해 일본식 의복에 관심을 갖게 되었고, 의상 대여에 대해서도 관심을 갖게 되었습니다. 그런데 2016년에 홋카이도 신칸센의 개통이 눈앞에 다가오게 되었습니다.

도쿄에서 하코다테까지 이어지는 신칸센이 개통됨에 따라 많은 관광객이 방문할 것으로 기대되었고, 마가라 씨는 관광객을 위한 의상 대여점을 개업하기로 결심했습니다. 당시 교토에서 관광객을 대상으로 하는 의상 대여점이 성행하고 있다는 이야기를 듣고, 거기서 아이디어를 얻어 비즈니스 모델을 구축했습니다.

큰 기대와 꿈을 가지고 창업한 마가라 씨는 고객을 모집하기 위한 활동에 힘썼습니다. 하지만 기대한 것과 같은 반응은 얻지 못했고, 경영도 순조롭지 못했습니다. 창업 이듬해인 2016년 3월부터 조금씩 고객 모집의 보람을 느끼기 시작했고, 그때 홋카이도 신칸센이 개통했습니다. 마가라 씨는 직원을 늘려 신칸센의 개통을 대비했습니다.

'좋아. 승부는 지금부터야. 신칸센을 타고 홋카이도로 오는 관광객을 많이 모집해 경영을 궤도에 올리자.'

하지만 마가라 씨가 생각한 만큼 점포를 찾는 관광객은 많지 않았고, 매출이 0인 날도 있었습니다. 늘린 직원 수만큼 적자가 커졌습니다. 홋카이도 신칸센의 개통은 마가라 씨가 기대한 만큼의 고객을 모집하게 해주지 못했습니다. '나의 비즈니스는 방향이 잘 못된 것 아닐까?' 하는 의심을 품은 채 가게 앞에 서 있는 날들이 계속되었습니다.

그런 마가라 씨는 운명의 날을 맞이합니다. 같은 해 7월 28일에 마가라 씨는 제가 강사로 일하는 하코다테 공업 회의소가 주최하는 유튜브 세미나에 참가했습니다. 이 세미나에서 실적을 만회할 수 있는 가능성을 찾은 마가라 씨는 회장에 제일 먼저 와서 가장 앞에 앉아 2시간에 걸친 풍부한 사례를 바탕으로 하는 최첨단 유튜브 전략을 열심히 배웠습니다.

'유튜브야말로 실적을 크게 역전시킬 구세주다. 세미나에서 배운 것으로 끝내지 말고, 반드시 실천해 오늘 배운 사례와 같은 대성공을 거두자.'

그렇게 결심한 마가라 씨는 세미나 당일 밤에 태어나 처음으로 유튜브에 영상을 올렸습니다. 원래 컴퓨터를 잘 못 다루던 마가라 씨는 유튜브를 업로드하는 데 고전했습니다. 첫 유튜브 영상을 올리는 데 5시간이나 걸렸습니다. 하지만 그 유튜브 업로드가 마가라 씨의 그 이후의 운명을 크게 바꾸었습니다.

저의 조언을 받으면서 지속적으로 유튜브를 운영한 마가라 씨는 인터넷상에서 서서히 노출량을 늘렸습니다. 동시에 제가 전수

한 매스컴을 대상으로 하는 보도자료도 큰 힘을 발휘해, 점차 지역 방송국과 신문에 실리게 되었습니다. 이것이 바로 유튜브를 비롯한 인터넷 전략과 종이 매체 등의 아날로그 전략이 상승효과를 보이는 '미디어 믹스'입니다.

홋카이도의 지역 방송국 'HTB'의 방송에 마가라 씨의 가게가 소개되었고, 그 영상이 대만의 골든타임 방송에 소개되면서 상황은 더 좋아졌습니다. 유튜브 동영상의 제목을 영어와 중국어로도 만들기 시작한 '갤러리 M.a.k'의 동영상은 해외 고객도 시청했고, 인지도도 서서히 높아졌습니다. 그리고 몇 개월 후 방송을 본 해외 고객과 여행 대리점이 문의를 하기 시작했습니다. 게다가 개인 고객뿐 아니라 단체 고객이 해외에서 밀려오게 되었습니다.

유튜브 동영상을 통해 적극적으로 정보를 제공했던 것이 언어의 장벽을 뛰어넘어 구체적인 이미지를 전달하는 데 도움을 주었습니다. 마가라 씨의 인바운드 전략은 멈출 줄 모르고, 태국의 국영방송에서 소개되거나, 중국의 TV에 생방송으로 출연하고, 인도네시아의 아이돌 그룹 'JKT48'에 의상을 제공하거나, 대만의 토산품 전시회에 초대되어 출품하는 등 아시아를 중심으로 비용을 들이지 않고도 인지도를 높이게 되었습니다.

또한 국토교통성 관광청의 '비짓 재팬' 사업에 소개됨에 따라 아시아 여행 관계자가 다수 가게를 찾았고, 협업했습니다. 이로써 인바운드 고객 모집의 든든한 지원군을 얻게 되었습니다.

마가라 씨의 유튜브 활용에 있어 흥미로운 점은 여행 대리점을 개척하는 데 유튜브 비공개 동영상을 활용했다는 것입니다.

예를 들어, 지금까지는 대리점을 개척할 때 다음과 같이 했다고 합니다. 먼저 '갤러리 M.a.k'에 관심을 가진 대리점 담당자가 사내에서 상부에 프레젠테이션을 했다고 연락이 옵니다. 그러면 마가라 씨는 이용자의 사진뿐 아니라 프레젠테이션용 동영상을 준비해 제공합니다. 그러면 대리점의 사내 회의에서 금방 좋은 반응을 얻어 기획이 채용됩니다. 곧바로 20명이 넘는 단체 고객을 보내줍니다. 그 후로도 지속적으로 고객을 보내주어 든든한 지원군이 됩니다.

물론 전체 공개 유튜브 동영상도, 특히 여성 고객을 모집하는 데 큰 효과를 발휘합니다. 마가라 씨가 업로드한 동영상은 점포를 이용하는 여성 고객이 드레스나 바지, 일본 전통 의상을 입고 하코다테의 거리를 걷는 모습을 주로 보여줍니다. 하코다테 여행을 뜻깊게 즐기려는 여성 고객은 그러한 동영상을 보고 하코다테 여행을 즐기는 구체적인 이미지를 그리게 되고, 라인 등을 통해 예약합니다.

마가라 씨는 그처럼 개인 고객을 위한 영업과 대리점 등 법인을 위한 영업 모두를 한꺼번에 하는 것이 아니라 유튜브를 최대한 활용해 '원격 영업'을 함으로써 효과적인 영업을 하고 있습니다.

코로나가 종식되면, 마가라 씨의 노력으로 인해 축적된 유튜브 동영상은 다시금 위력을 발휘할 것이며, 일본뿐 아니라 전 세계에서 수많은 관광객을 불러들이게 될 것입니다. 마가라 씨의 전략적인 유튜브 활용은 더 큰 발전이 있을 것으로 기대됩니다. 유튜브 활용의 선진 기업으로써 더욱더 눈을 뗄 수 없는 존재가 될 것 같습니다.

갤러리 M.A.K의 유튜브 채널

문의가 30배로. 유튜브를 통해
연 매출 90%를 획득하는
일본 최고의 유리 재생 기술자

HI-LINE22㈜ **히라이 고지 씨**(가나가와현 요코하마시)

유리 재생, 리뉴얼 & 리노베이션 전문회사 HI-LINE22㈜
의 히라이 고지 대표는 유튜브만으로 연간 매출의 90%를 획득하
고 있습니다. 히라이 씨는 2004년에 독립해 요코하마에서 HI-
LINE22㈜를 설립했습니다. 처음에는 이전 직장에서의 경험을 살
려 건설이나 도로 공사 일을 했지만, 이듬해에 아스팔트 콘크리트
의 미끄럼 방지와 관련된 일을 한 것을 계기로, 오다와라시 가야마
에 있는 '니노미야 다카노리 기념관'으로부터 화강암에서 미끄러져
넘어지는 사고를 방지하고 싶다는 제안을 받았습니다.

"어쨌든 소재의 외관은 그대로 두고 미끄러지지 않도록 처리해 주세요. 다른 소재를 덧바르거나 자르거나 붙이는 건 괜찮지만, 양질의 석재를 사용한 것이므로 외관은 해치지 말아주세요."

그러한 어려운 요구에도 기술력으로 답한 히라이 씨는 미끄럼 방지 수요가 있는 타깃에 영업을 하기 시작했습니다. 수영장이나 목욕탕 등과 같이 넘어지는 사고가 일어나기 쉬운 장소에 미끄럼 방지를 제안하자 놀랍게도 잇달아 의뢰가 들어왔습니다. 히라이 씨가 사용한 기법은 소재를 덧바르지도 않고, 바닥을 씻는 듯한 느낌으로 타일 위에서 유리 가공 등의 처리를 하는 것입니다. 그렇게 해 외관을 해치는 일 없이 미끄럼 방지 효과를 내고 있습니다.

수영장이나 목욕탕 일을 하면서 확실한 기술과 정성스러운 작업을 통해 신뢰를 얻은 히라이 씨는 "사실은 이런 일 때문에 고민이에요"라는 고객의 상담을 받게 되었는데, 바로 거울에 낀 물때를 벗기는 일이었습니다. 도로 공사 경험이 풍부한 히라이 씨에게도 유리나 거울은 미지의 세계였습니다. 그래서 재료나 시공법을 연구하기 시작했습니다.

그 후 실패도 반복했습니다. 거울의 물때를 없애기 위해 온갖 재료를 다 사용해봤지만 전혀 소용이 없었습니다. 강력한 액체로 시도해봤더니 이번에는 거울이 새하얗게 변했습니다. 일반 청소업자가 사용하는 연마재로는 일단은 얼룩이 지워지더라도 거울에 상처가 남습니다. 물로 닦은 다음 거울이 마르면 깜짝 놀랄 만큼 상처가 많이 보입니다.

1년간 많은 비용을 들여 다양한 재료나 시공법을 시험해본 히라이 씨는 '일본에서 가장 많이 실패한 남자(유리를 못 쓰게 만든 남자)'라는 카피프레이즈를 걸 수 있을 만큼 많은 경험을 했습니다.

사원의 전화 상담, 다이렉트 메일을 통해 얻은 대중탕 등의 유망고객에게 "일단 한번 맡겨보십시오"라고 하면서 시험 시공을 하면, 그 유리의 깨끗해진 정도를 본 고객은 그다음엔 반드시 미끄럼 방지 공사를 의뢰합니다. 인터넷 전략으로는 창업과 동시에 홈페이지를 만들었습니다. 유튜브를 본격적으로 시작한 것은 2010년부터였습니다.

전 세계의 제조사로부터 소재 및 재료를 들여와 수많은 시행착오를 거치며 개발한 '히라이류 유리 재생법'의 시공 현장을 동영상으로 찍어 업로드했습니다. 히라이 씨는 유리 복구 현장에 삼각대를 세우고, 소형 비디오 카메라를 사용해 지속적으로 동영상을 촬영해 업로드해왔습니다. 물에 젖을 가능성이 있어서 방수가 되는 카메라를 사용합니다. 또한, 현장에 따라서는 초소형 카메라인 고프로(GoPro)를 주머니에 넣고 촬영함으로써 히라이 씨 혼자서 촬영할 수 있는 상황도 많아졌습니다.

히라이 씨가 운영하는 유리 리뉴얼 사업은 업계도 작고 기술적인 난이도가 높기 때문에 단가도 비쌉니다. 유리 복구 작업은 수리 업계 전체를 놓고 봐도 진입 장벽이 매우 높은 편입니다. 란체스터 경영 전략의 관점에서 볼 때도 히라이 씨는 이상적인 방침 아래 경영하고 있다고 할 수 있습니다. 또한, 히라이 씨는 유리와 관련된 고민, 어려움을 언어화하고, '물때', '물비늘'에 관한 문제를 제목으로 사용하는 한편, '유리 상처'에 관한 키워드를 중점적으로 사용하고 있습니다.

그 결과 구글에서 '유리 상처 없애기'라고 검색하면, 히라이 씨가 올린 유튜브 동영상이 제일 먼저 표시됩니다. 그처럼 열심히 유튜브에 업로드함으로써 히라이 씨의 회사는 큰 변화를 맞이했습니다. 인터넷을 통한 문의가 한 달에 한 건 정도였던 것이 매일 한 건씩으로 증가한 것입니다.

그전까지 수행하던 전화 영업이나 다이렉트 메일과 같은 아날로그 방식에 의존하지 않아도 안정적으로 의뢰를 받게 되었습니다. 의뢰인에게 어떻게 알고 연락했냐고 물어보면, 대부분 "유튜브를 보고 알게 되었다"라고 답했습니다. 홈페이지를 통해 방문하는 고객에게도 물어보니 대부분 "유튜브를 보고 홈페이지를 찾았다"라고 말했습니다. 히라이 씨의 유튜브 전략은 그 틈새 기술 분야와 니즈로 인해 크게 꽃피워 1년간의 의뢰 건수 중 90%가 유튜브를 통해 들어오게 되었습니다. 히라이 씨는 다음과 같이 말합니다.

"고객들은 유리 상처가 정말로 사라지는지 궁금해합니다. 그것을 사진으로 설명한다고 해도 충분히 설득력을 갖지는 못합니다.

하지만 유튜브 동영상을 통해 설명하면 어떻게 사라지는지 이해하게 됩니다. 현장의 소리나 어떤 기재로 시공하는지까지 알 수 있으므로 고객이 상상하기가 더 쉬워집니다."

문의의 내용도 양호하고, 성약률도 90%가 넘습니다. 또한, 히라이 씨는 기술을 계승하기 위해 2008년부터 일본에서 가장 많이 실패한 남자에게서 배우는 유리 재생 기술 'Glass 아카데미'를 주최하고 있으며, 지금까지 80명이 넘는 수료생을 배출했습니다. 이 아카데미에서는 수강생에게 작업 풍경을 촬영해 직접 매뉴얼을 만들도록 지시합니다. 그와 동시에 동영상을 활용하는 영업 및 동영상 제작 방법도 가르칩니다.

"수강생들에게 내용과 BGM은 아무래도 상관없으며, 키워드가 중요하다고 말합니다. 가장 효과적인 키워드를 찾는 것이 중요하니까요."

히라이 씨의 아카데미를 수료한 사람 중에는 빠르게는 동영상을 업로드하기 시작한 지 한 달 만에 시공 안건 의뢰를 받는 사람도 있습니다. 기존에는 하청 또는 하청의 하청 일만 했던 사람들이 엔드유저로부터 직접 의뢰를 받는 꿈같은 일을 실현하게 된 것입니다.

히라이 씨는 유튜브의 효과적인 활용법을 자신의 경영뿐 아니라 업계의 발전을 위해 아카데미의 수강생들에게도 적극적으로 가르칩니다.

"저는 기술자에게 요리사가 되라고 말합니다. 일류 요리사가 되면 어떤 제조사의 어떤 재료를 사용할지는 본인에게 달린 문제가 됩니다. 최적의 재료를 사용해 고객이 먹고 싶은 것을 줄 수 있는 요리사가 되어야 합니다."

히라이 씨는 요리 업계에 몸담았던 경험을 바탕으로, 유리 재생 업계의 이상향에 대해 그와 같이 표현합니다.

"처음 동영상 10개, 20개를 올릴 때는 반응이 별로 없습니다. 그러한 정체기를 뛰어넘어 하나라도 문의가 들어오면 지속할 수 있습니다. 정체기를 뛰어넘으려면 일단 동영상이 많아야 합니다."

히라이 씨는 자신의 유튜브 전략이 성공한 요인에 대해 이렇게 이야기하며, 앞으로 실천할 사람들에게도 이렇게 응원을 보냅니다. 히라이 씨가 고난으로 가득한 인생의 끝에 확립한 세계 최고 수준의 유리 재생 기술은 앞으로도 업계의 스탠다드가 되어 전 세계의 건물을 무대로 활약하게 될 것입니다.

유리 의사 히라이 고지 씨의 유튜브 채널

제6장

5가지 AI 대책으로
유튜브를 공략한다

유튜브의
5가지 AI 대책

유튜브의 5가지 AI 대책을 말씀드리겠습니다.

1. 유튜브 검색
2. 섬네일
3. 관련 동영상
4. 브라우징
5. 고객 모집 동선

유튜브를 공략할 때는 이 5가지가 중요합니다. 유튜브 검색은
검색어를 입력했을 때 나오는 겁니다. 검색하는 사람들은 이미 무
엇을 볼지 정하고 봅니다. '유튜브에서 이걸 보고 싶다!' 즉 고민이

나 목표가 명확한 사람이 검색을 합니다.

섬네일은 간판입니다. 유튜브 동영상의 간판이라고 할 수 있는데요. 재미있거나 클릭하고 싶은 사진을 섬네일로 만들면 클릭률이 높아집니다. 유튜브에서는 클릭률도 데이터로 축적됩니다. 클릭률이 높으면 AI가 추천 동영상으로 띄워줍니다. 그래서 섬네일이 중요한 겁니다.

또 관련 동영상도 있습니다. 어떤 동영상을 볼 때 옆에 추천 동영상이 표시됩니다. 관련 동영상에 나의 동영상이 표시된다면 참좋을 텐데요. 어떻게 여기 띄울 수 있는지는 나중에 말씀드리고요. 얼마 전까지만 해도 관련 동영상에 표시되는 게 전부였습니다. 여기 표시되기만 하면 유튜브를 제패한다는 말도 있었습니다. 그런데 이를 뛰어넘는 기능이 나타났습니다.

바로 브라우징입니다. 유튜브를 북마크 해둔 사람도 많을 텐데요. 매번 유튜브를 검색해서 들어가는 사람은 별로 없을 겁니다. 아마 대부분은 유튜브의 톱 화면을 북마크 해두었을 겁니다. 톱 화면에는 추천 동영상이 표시됩니다. 여기에 표시되면 클릭률이 확올라갑니다. 유튜브 채널을 찾아오는 사람 중 60%는 추천 동영상을 통해 옵니다. 즉 여기에 표시되지 않으면 60%의 동선이 사라지게 됩니다. 그러므로 검색 결과를 노리는 것보다 추천 동영상을 노려야 합니다. 그럼 어떤 조건이 갖춰지면 브라우징에 표시될까요? 동영상의 평가가 높을수록 표시됩니다. 동영상의 평가란 무엇일까요?

1. '좋아요' 개수
2. 시청 유지율
3. 댓글 개수
4. 그 동영상을 계기로 몇 명이 채널을 구독했는가?
5. 동영상의 설명문에 URL이 쓰여 있고, 그것을 클릭한 수치도 집계됩니다.

한 가지 더 중요한 것은 고객 모집 동선을 이해하는 것입니다. 동영상의 설명문을 보면 블로그에 유도하는 글들이 많이 있습니다. 블로그, 메일 매거진 등을 홍보하는 거죠. 즉 설명문의 URL을 클릭하면 동영상에 대한 평가가 올라갑니다. 유튜브에서는 동영상 내에서 어떤 행동을 취하면 평가가 올라갑니다. 이게 정말 중요합니다. 그러므로 많은 행동을 취해야 합니다. 동영상 편집자가 신경을 좀 더 써서 채널을 구독해달라는 말을 한다면 구독자 수가 늘어날 가능성이 있습니다. 그러면 평가가 올라갈 것이며, '좋아요'를 눌러 달라고 하면 '좋아요'를 누를지도 모릅니다. 그것이 좋은 평가로 이어집니다.

특히 비즈니스 유튜버는 이런 걸 잘 안 합니다. 또한, 봐줬으면 하는 마음에 하게 되는 실수가 있습니다. 조회 수가 높은 동영상을 무작정 따라 한다거나, 구독자가 많은 채널을 따라 한다거나, 최근에 유행하는 사람을 따라 한다거나 하면 안 됩니다. 성공한 사람들의 마케팅 전략을 이해하지 못한 채 표면적으로만 따라 하는건 의미가 없습니다. 유명인을 프로듀스 하더라도 실패할 수 있습니다. 아무리 유명한 사람이 나오더라도 프로듀스를 잘못하면 실패합니다. 또한, 일단 무조건 100개를 올리라는 것도 잘못된 말입니다. 비용이 너무 많이 들어가니까 절대로 그러지 마십시오. AI에게 사랑받을 수 있게 의도적으로 편집해야 합니다.

【질문】 채널의 브랜드력은 어느 쪽이 더 높은가?

1개×1만 뷰

100개×100뷰

일단 100개를 올린다 해도 평균 조회 수가 뚝 떨어집니다. 100개의 동영상의 조회 수가 전부 100인 것보다는 하나의 동영상에 시간을 들여 1만 뷰를 얻는 것이 더 낫습니다. 둘 다 조회 수는 1만 뷰지만, 채널의 브랜드력은 동영상 1개에 1만 뷰일 때가 더 높습니다.

AI가 중요시하는 부분을 말씀드리겠습니다. AI는 섬네일, 음성, 자막을 봅니다. 하나씩 살펴보죠.

AI는 섬네일을 통해 얼굴을 인식합니다. 섬네일에 얼굴이 들어 있으면 '이 사람이 누구구나'라고 인식합니다.

또한 AI는 자막을 인식합니다. 촬영 당시의 소리는 들리지 않아도 자막은 인식합니다. 스피커에 소리가 나오지 않아도 자막에 '마케팅'이라는 말이 나오면 '이 동영상은 '마케팅'에 대해 다루는구나'라고 이해합니다. 따라서 자막을, AI와 시청자 모두에게 매력적인 것이 되도록 또한 읽기 쉽게 만들어야 합니다.

AI는 음성을 인식합니다. 동영상에서 이야기하는 말을 인식합니다. 키워드를 강조해 이야기하고 편집해야 합니다.

화면 오른쪽 아래에 자막 설정 창이 있는데요. 아직은 AI의 한글 인식률이 그렇게 높지는 않은데요. 이렇게 저절로 AI가 음성을 자막으로 바꿔줍니다. AI가 목소리를 인식해 어떤 말을 하는지 띄워줍니다. 단어 하나하나를 또렷하게 말하고 추임새를 넣지 않는 것이 더 정확합니다.

또한 새로운 노하우를 말씀드리겠습니다.

앞서, AI에게 사랑받는 동영상에서는 자막이 중요하다고 했는데요. 이 노하우를 꼭 기억해두시기 바랍니다. 사람이 말하는 속도는 최대 400자입니다. 그럼 질문을 드리죠.

성인이 1분 동안 읽을 수 있는 글자 수는 몇 자일까요?

말하는 건 최대 400자입니다. 방송국에서는 300자가 이상적인 속도라고 합니다. 정답은 평균 800자입니다. 느린 사람은 500자입니다. 특별히 빨리 읽는 사람은 1,500자를 읽는다고 합니다.

말하는 속도를 다시 떠올려 보세요. 말하는 속도는 300자입니다. 그리고 최근에는 2배속으로 재생하는 사람이 많습니다. 가령 말하는 속도는 300자일 때 2배속으로 재생한다면, 말하는 속도가 600자가 됩니다. 하지만 1분간 읽을 수 있는 건 800자입니다. 그러므로 2배속으로 재생하더라도 자막만 있으면 그 동영상을 제대로 이해할 수 있습니다. 노하우 등을 빠르게 습득하고 싶은 타깃이 있다면 2배속으로도 볼 수 있도록 자막을 준비하는 것이 좋습니다. 그래서 자막이 중요하다는 겁니다. 그냥 자막이 있으면 느낌이 좋다는 정도가 아니라 2배속으로도 시청자가 이해할 수 있도록 자막을 넣어야 한다는 겁니다.

질문을 드리죠.

여러분 중에 2배속으로 동영상을 시청하시는 분이 계신가요?

앞으로 만들 동영상을 모두 2배속으로 볼 수 있게 만든다면 조회 수가 올라가고 AI에게 사랑 받게 됩니다.

【질문】

1. 자막을 조금 빨리 띄우는 것이 좋다?
2. 자막을 조금 느리게 띄우는 것이 좋다?

정답은 1번입니다. 자막을 조금 빨리 띄우는 것이 좋다는 걸 아시나요? 이유가 뭘까요? 근거가 있습니다. 앞서 말한 것처럼, 말하는 속도보다 읽는 속도가 빠르기 때문에 자막을 소리와 동시에 띄우지 않아도 된다는 겁니다. 읽는 속도가 더 빠르니까 소리와 동시에 자막을 띄우지 않아도 된다고 생각할 수도 있는데요. 사실 사람은 글자가 뜬 후에 그것을 읽기 시작할 때까지 0.15초 정도 시차가 생깁니다. "제자리, 준비, 시작!"이라고 외치는 순간에 달리는 사람은 없습니다. 소리를 듣고 달려나가는 것처럼 자막도 뜨자마자 0.15초 정도 있다가 읽기 시작합니다. 그 타이밍에 소리가 동시에 들어가도록 하는 거죠. 소리는 준비 과정 없이 듣는 순간 이해합니다. 글자는 표시된 후 읽기 시작할 때까지 0.15초의 시차가 존재합니다. 그 타이밍에 자막을 맞춰 띄우면 소리와 딱 맞게 됩니다. 이에 대해 감각적으로 이해하는 것과 이론적으로 이해하는 것은 완전히 다릅니다.

시청자는 가사를 알고 싶어 합니다. 이 사람이 다음에 뭐라고 노래할지 미리 알려주면 뇌가 안심합니다. 뇌가 혼란을 겪지 않습니다. 이 사실을 알고 나서 TV나 유튜브를 보면 이런 기술들을 분석하고 싶어지지 않나요? 이 글을 보신 후에 TV 방송을 한번 보세요. 자막만 눈에 들어올 겁니다. 이것만 알아도 레벨 업 할 수 있는 기회가 늘어납니다.

지금까지 본 모든 동영상에서 볼 수 있는 공통적인 편집 기술을 말씀드리겠습니다. 정리하자면, '뇌가 혼란스럽지 않은 편집 기술'입니다. 이것만 지킨다면 여러분도 사랑받는 동영상 크리에이터가 될 수 있습니다. 일반적으로 사람들은 편집을 잘하려면 편집 소프트웨어를 아주 잘 다루어야 한다고 생각합니다. 막힘 없이 사용하는 거죠. 하지만 중요한 건 편집을 잘한다는 것은 뇌가 혼란스럽지 않다는 겁니다. 시청자가 바라는 타이밍에 소리가 나거나 시청자가 바라는 타이밍에 자막이 나오거나 하는 것만 잘하면 시청자에게 사랑받는 동영상을 만들 수 있습니다.

유튜브 검색 엔진 대책이 아니라 앞으로는 유튜브 AI 대책을 세워야 합니다. 검색 결과는 크게 노리지 않아도 된다는 건데요. 왜냐하면 검색 수요가 줄어들고 있기 때문입니다. 유튜브에서는 검색할 기회가 많이 줄어들었습니다. 최근에는 유튜브에 접속해 톱 페이지를 살펴보면 내가 보고 싶어 할 만한 동영상이 알아서 표시되어 있습니다. 끊임없이 나오니까 그걸 순서대로 시청하게 되더라고요. 유튜브에서는 추천 항목이 따로 있는데, 채널을 구독하지 않아도 동영상이 표시됩니다. 예전에는 어떻게든 구독자 수를 늘리고 동영상을 안내해 조회 수를 늘리는 것이 중요했고, 검색하게 만드는 것을 중요시했죠. 검색어를 의식했습니다.

물론 검색어도 중요하긴 하지만 최근에는 AI가 동영상을 알아서 찾아줍니다. 지금까지는 우리가 직접 동영상을 검색해야 했지만, 지금은 반대로 AI가 나 자신을 검색합니다. 구석구석, 이 사람이 몇 살이고 어떤 것을 좋아하며, 최근에 어떤 것을 검색했는지 그 데이터를 전부 보고 있다는 것입니다.

AI가
'이번에 새로운 동영상이 업로드 되었네.'
'이 동영상을 누구한테 보여주면 좋을까?'
'이 사람 괜찮겠다'
하고 검색해 표시한다는 겁니다.

대단하죠? 그럼 AI는 어떻게 정보를 모으나요? 몇 가지 방법이 있는데요.

하나는 일단, 검색입니다. 어떤 검색어로 검색하는지는 데이터를 축적할 때 중요한 요소입니다. 하지만 이것은 아주 사소한 부분입니다.

여러분이 어떤 동영상에, 얼마 동안 머물렀는지 체재 시간을 봅니다.

'이만큼 머물렀다는 건 이 동영상에 관심이 있는 거군'
이라고 생각하는 겁니다.

또한 각 동영상마다 카테고리가 나뉘어 있습니다. 어떤 카테고리의 동영상을 많이 시청하는지도 살펴봅니다. 페이스북에서 어떤 글에 '좋아요'를 누르는지 살펴보는 것과 같습니다. 또한 동영상에도 '좋아요'를 누르잖아요? '좋아요'를 많이 누르면 '이 사람은 이런 동영상을 좋아하는구나' 하고 어떤 동영상을 좋아하는지 판단합니다.

또한, 동영상에 댓글을 달면 '이런 동영상에 의견을 피력하고 싶어 하는구나'라고 생각할 것이며, 어떤 장르의 채널을 구독하는지도 살펴봅니다. 검색 결과에 머무른 시간, 사용자의 행동 이력에 따라 SEO 대책이 결정됩니다. 그러므로 계정 정보를 바꿔서 같은 키워드를 입력해 검색하면 검색 결과가 달라지기도 합니다.

간혹 동영상을 올리고 내 동영상이 위에 표시되었다고 좋아할 수 있지만, 그건 내 계정이니까 그렇습니다.

브라우저 시크릿 모드

브라우저를 시크릿 모드로 열어서 나의 정보를 일절 표시하지 않고서 정보를 검색할 수도 있는데요. 그러면 순수한 SEO 순위를 알아볼 수 있습니다. 이 방법을 모르는 사람도 꽤 있더라고요

또한, 제일 쉽게 체험해볼 수 있는 건 구글을 열어서 병원을 검색할 때, 예를 들어 안양에서 검색하면 안양에 있는 병원이 표시됩니다. 그처럼 그 사람이 어디에 있는지도 AI의 데이터에 축적됩니다.

한 번 더 정리하겠습니다.

그럼 어떻게 하면 AI한테 사랑받을 수 있을까요? 기존의 유튜브 대책, 기본적인 부분을 설명해드리겠습니다. 5가지 요소를 복습하겠습니다. 이것은 앞으로도 필요하기는 하지만 AI가 이 기능

을 뛰어넘을 것입니다.

첫 번째, 유튜브 검색은 유튜브 위쪽에 있는 검색창에 검색하는 겁니다. 구글 등의 검색 엔진에서 검색하면 유튜브를 검색한 경우가 아니라도 유튜브 동영상이 구글의 검색 결과에 표시됩니다. 그래서 제목이나 검색 키워드가 중요하기는 합니다. 유튜브를 막 시작했을 때는 아직 AI에 그 채널의 정보가 축적되지 않았기 때문에 검색어가 중요합니다. 채널을 운영한 기간이 짧으면 그 채널에 대한 데이터가 없기 때문에 AI가 아직 이 채널은 무슨 채널이고, 누구에게 보여줘야 할지 모르기 때문에 처음에는 어떤 키워드로 검색해 그 동영상이 올라간 채널에 도달하게 된 건지가 중요합니다. 즉 처음에는 유튜브 검색 기능이 중요합니다.

두 번째, 섬네일입니다. 섬네일 역시 중요합니다. 섬네일은 동영상의 표지와 같습니다. 섬네일에 따라 클릭률이 달라집니다. 주목받기 위해 강렬한 단어를 띄우거나 화살표를 사용해 '여기 주목'이라고 하면 사람은 아무래도 화살표에 약하니 클릭하게 됩니다.

세 번째, 관련 동영상입니다. 2년쯤 전까지는 유튜브에서는 관련 동영상에 꼭 표시되어야 한다고 말했습니다. 관련 동영상을 통해 60~70%의 접속자가 들어온다고 했습니다. 물론 앞으로도 관련 동영상이 중요할 수는 있겠지만, 사실 관련 동영상을 위협하는 또 한 가지 기능이 있습니다.

네 번째, 브라우징 기능입니다. 이것이 바로 추천 동영상입니다. 유튜브 톱 화면에 나오는 동영상입니다. 검색하기 전에 표시되는 것입니다. 지금까지는 관련 동영상을 통해 60~70%의 시청자가 접속했지만, 지금은 브라우징을 통해 40~70% 정도의 시청자가 접속합니다. 딱히 구독하지 않아도 뜨는 거죠. 구독한 채널뿐아니라 구독하지 않은 채널의 동영상도 추천 동영상으로 표시되기 때문에 조회 수가 올라갈 수 있습니다. 그러므로 앞으로는 추천 동영상에 나의 동영상을 띄우는 것이 중요합니다. 브라우징에 표시되려면 AI에게 사랑받아야 합니다.

다섯 번째, 고객 모집 동선입니다. AI에게 사랑받는 것에 대해 말씀드리겠습니다. 앞서 검색 엔진 이야기를 했는데요. 검색 엔진은 유튜브 채널을 처음 만들었을 때는 여전히 중요합니다. 하지만 검색 엔진도 AI가 데이터를 수집하게 되는 요소 중 하나입니다. 그리고 카테고리를 나누는 기준이 되는 거죠. 그러니까 처음 AI와 친해지게 되는 자기소개라고 생각하면 됩니다. 다음으로 관련 동영상 대책도 있는데, AI에게 사랑받기 위해서는 그리 중요하지 않습니다.

옛날에는 나의 동영상을 올린 다음 설명문에 다른 동영상을 소개하는 URL을 입력했습니다. 그러면 그 동영상을 통해 다른 동영상으로 유도함으로써 해당 동영상과 링크된 동영상이 관련되어 있다, 즉 서로 관련성이 깊기 때문에 서로 소개하는 경우가 많았습니다. 하지만 지금은 관련 동영상에 나의 동영상을 띄우기 위해 일부러 URL을 입력할 필요가 없어졌습니다.

지금까지는 링크를 넣는다거나 설명문에 여러 개의 키워드를 나열했는데요. 그런 자잘한 테크닉은 AI 기술이 발달되지 않았기에 구글에서도 그 키워드가 있으면 관련성이 있다고 판단하게 되어 관련 동영상에 잘못 표시되는 경우도 있었습니다. 하지만 지금은 링크를 걸지 말고 AI가 '이 동영상을 보는 사람은 분명 이런 동영상도 좋아할 거야', '그러니까 이 동영상을 관련 동영상에 띄우자'라고 생각합니다. 또한, 행동 이력이 중요한데요. 이때 브라우징 기능이 사용됩니다. 브라우징에 더 잘 표시되려면 체재 시간이 중요합니다. AI에게 사랑받으려면 시청자가 좋아할 만하게 편집해야 합니다.

AI가
'이 동영상 뭐야?'
'시청자가 전혀 원하는 게 아니잖아?'
'오래 머무르지도 않고 평가도 좋지 않고.'
'금방 떠나가버리잖아.'
'이런 동영상을 보여줄 수는 없어.'

라고 판단하면 어떨까요?

이상한 동영상이 올라오면 유튜브의 브랜드력이 떨어지기 때문에 유튜브는 그런 동영상을 줄이고 싶을 겁니다.

여러 차례 이야기했지만 섬네일이 중요하다고 했는데요. 지금까지 섬네일의 목적은 클릭을 하게 만드는 것이었습니다. 지금까지도 이런 방식을 취한 사람이 있긴 있었지만, 유명한 유튜버들은 반드시 섬네일에 얼굴을 실었습니다.

최근에 유튜브는 출연자의 얼굴을 기억하게 되었습니다. 즉 섬네일에 비즈니스 유튜버의 얼굴을 실으면 AI가 그걸 알아줍니다. '이 사람은 이러이러한 사람이다'라고 인식하게 되죠. 이러한 사실을 알면 설령 동영상의 제목에 그 사람의 이름이 입력되어 있지 않았어도 또는 채널명이 그 사람의 이름이 아니라도 섬네일에 그 사람의 얼굴이 실린다면 AI는 '이런 키워드와 이름이 이 섬네일과 관련 있으니까 표시하자'라고 생각합니다.

엄청 똑똑하죠?
섬네일에 실린 사람이 어떤 비즈니스 유튜버인지 인식합니다. 그러므로 직접 프로듀스 하는 유튜버의 얼굴이 동영상에 많이 등장하면 조회 수가 더 잘 늘어날 것입니다.

결론적으로 말하면 비즈니스 유튜버는 구독자가 100만 명인 일반적인 유튜버보다 훨씬 더 많은 수익을 얻습니다. 예를 들어, 엔터테인먼트 관련 유튜버의 구독자 수가 백만 명이면 한 달에 2천~3천 만원의 광고 수익을 얻게 되는데요. 미라클 마케팅 회원이자 비즈니스 유튜버인 정선의 대표는 구독자 수가 1만 명일 때에도, 10억 원의 매출을 올렸습니다.

왜 지금
유튜브여야 할까?

먼저, 왜 지금 유튜브여야 할까요? 3가지 이유가 있습니다.

1. 소비 가치관의 변화

2. 소비 프로세스의 변화

3. 소비 마인드의 변화

각 항목에 대해 자세히 말씀드리겠습니다.

첫 번째, '소비 가치관의 변화'입니다.

여러분도 소비자로서 어느 정도 느끼고 계실 텐데요. 상품 소비에서 스토리의 소비로 변화하고 있습니다. 예를 들어 고도성장 시대에는 상품이 날개 돋친 듯이 팔렸습니다. 왜냐하면 상품이 없었기 때문입니다. 극단적으로 말하자면 그때는 집에 세탁기도 없고 TV도 냉장고도 없었습니다. 그 시대에는 '상품' 자체에 매우 큰 가치가 있었습니다. 그래서 상품이 팔렸던 거죠.

그럼 지금은 어떨까요? 상품이 넘쳐납니다. 그러므로 조금 더 성능이 좋은 냉장고가 나왔다고 해서 소비하고 싶은 마음이 생기지는 않습니다.

【질문】 그럼 상품이 팔리지 않는 시대에 어떻게 서비스/상품을 판매할 수 있을까요?

그 상품을 손에 넣었을 때 고객이 어떤 체험을 할 수 있는지 그것을 스토리 형식으로 전달, 즉 교육해야 합니다. 예를 들면, 고도성장 시대의 상징적인 상품 중에 자동차가 있습니다. 자동차는 대한민국 경제가 성장하는 데 큰 역할을 했습니다. 예전에 상품이 잘 팔리던 시대의 자동차 광고를 생각해보면, 자동차가 나와서 빠른 속도로 달리면서 최고 속도 얼마, 파워는 얼마라는 점을 강조했습니다. 즉 자동차의 성능을 강조함으로써 많이 판매했죠. 이것이 상품이 팔리던 시대의 한 가지 상징입니다.

지금 현재 자동차 CF는 어떨까요? 대부분 자동차를 위주로 하지 않습니다. 예를 들어, 어린아이가 등장해 강에서 수영하는 모습을 보여준 다음 '아이들과 함께 어디로 갈까?' 하면서 미니 밴을 보여줍니다. 즉 고객은 미니 밴 자체를 갖고 싶어 하지 않는다는 겁니다. 고객이 소비 행동을 취할 때는 미니 밴을 사고 싶어서가 아니라 미니 밴을 샀을 때 얻을 수 있는 경험, 즉 스토리를 사고 싶어 합니다.

그러니까 CF에서 아이들이 수영하며 기뻐하는 모습, 그 모습을 부모님이 흐뭇하게 바라보는 모습을 스토리로 보여준다면 '그래, 우리도 아이들이 좀 컸으니까 이 미니 밴을 사서 일요일에 강이나 산, 바다로 나가 아이들이 즐겁게 노는 모습을 바라보면서 커피를 마시고 싶다'라고 상상하게 됩니다. 그렇게 되면 마음이 움직여 구매할 마음이 생길 것이고, 자동차도 팔리게 됩니다

그러므로 요즘 TV CF를 보면 대략적인 트렌드를 알 수 있습니다. 요즘은 상품의 성능을 강조하는 CF는 거의 없습니다. 대부분 그 상품을 손에 넣었을 때 우리의 생활이 구매하기 전과 구매하기 후에 얼마나 달라지며, 구매 후의 생활이 고객에게 얼마나 가치 있는 것인지 전달합니다. 즉 구매 전후의 차이를 전달하는 것이 스토리이며, 그것을 많이 확산시켜 필요로 하는 사람을 교육하는 것, 그것이 앞으로의 비즈니스의 흐름입니다. 아니, 이미 그렇게 변화했습니다. 이것이 '소비 가치관의 변화'입니다.

두 번째, '소비 프로세스의 변화'입니다.

원래는 AIDMA

1. Attention(주의)
2. Interest(흥미)
3. Desire(욕구)
4. Memory(기억)
5. Action(행동)

이것이, TV CF나 잡지 광고 등 올드 미디어 시대에 고객이 소비하던 프로세스입니다.

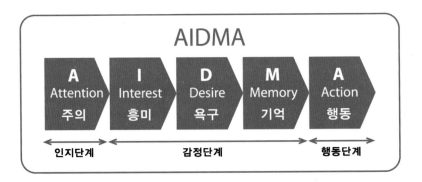

지금은 AISCEAS라고 하는데, 먼저 인지하고 흥미를 가진 다음의 행동이 인터넷으로 인해 바뀌었습니다. 검색하고 다른 상품과 비교해 검토한 다음 행동을 취하며, 구매한 다음에는 공유함으

로써 입소문이 일어나 다른 새로운 고객에게 나의 서비스가 전달
됩니다.

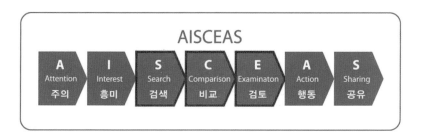

이처럼 AIDMA와는 프로세스가 크게 달라졌습니다. 프로세스
가 이렇게 많이 변화하면 정보를 제공하는 방법도 크게 달라집니다.

한마디로 말하면, 여기서 중요한 건 '검색', '비교', '검토'하는
타이밍에 여러분의 상품이 표시되지 않으면 비교도 되지 않는다는
겁니다. 비교 끝에 탈락하는 것이 아니라 비교조차 되지 못한다는
거죠. 그러므로 반드시 표시되도록 해야 합니다.

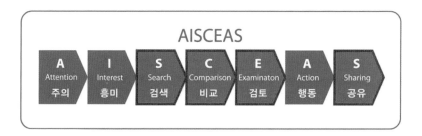

또한 공유할지 말지는, 신뢰관계를 얼마나 잘 형성했을 때 구매하는가에 달려 있습니다. 신뢰관계는 매우 중요한 포인트이므로 나중에 신뢰관계에 대해서 더 자세히 말씀드릴 것입니다.

일단 여기서 알아둬야 하는 것은 광고를 한 번 보고 구매하거나 우연히 보게 되어 충동 구매하는 일은 점점 줄어들고 있으며, 모든 고객이 검색하고, 비교하며, 검토한 다음 구매하기 때문에 인터넷, 스마트폰에 여러분의 상품이 몇 번이고 많은 사람에게 표시되어야 합니다. 이해가 가시죠? 그럼 세 번째로 넘어가겠습니다.

세 번째, '소비 마인드의 변화'입니다

고도 성장 시대에는 매스미디어 소비가 중심이었습니다. TV나 잡지를 통한 정보에 따라 상품 구매 여부를 결정했습니다. 지금도 물론 매스미디어 상품이 있긴 하지만 SNS 소비로 크게 이동하고 있습니다. 물론 매스미디어가 사라지지는 않겠지만, 매스미디어를 통해 소비를 하기보다는 SNS를 통해 소비하는 사람이 지금도 계속해서 늘어나고 있으며 앞으로도 늘어날 것입니다. 즉 지인이나 인플루언서의 믿을 만한 정보가 소비 행동을 더 잘 촉구한다는 겁니다.

예를 들어, 여러분이 TV CF를 보고 있다고 해보겠습니다. 한

샴푸 CF에서 여배우가 "와, 큐티클이다"라고 말했다고 해보겠습니다. 그때 여러분은 그 CF를 보고 '여배우의 머릿결이 저렇게 좋은 건 저 샴푸를 사용하기 때문이구나!'라고 생각하십니까? 그렇지 않을 겁니다. 아마 대부분의 사람은 일이니까 저렇게 말하는 거라고, 광고주의 부탁을 받고 상품을 추천하는 거라는 사실을 알고 있습니다. 그만큼 소비자의 정보가 증가했으며, 소비자의 수준이 올라갔기 때문에 일반적인 광고가 아니라 믿을 만한 사람의 정보에 따라 소비 행동을 취하게 되었습니다.

사실 예전에는 믿을 만한 사람의 정보를 입수할 수 있는 방법이 없었습니다. 인터넷이 없었던 때에는 믿을 만한 사람을 찾을 수 없었기에 매스미디어, 즉 TV, 잡지, 신문 광고를 통해서만 상품을 접했습니다. 그러니 그런 매체들을 믿을 수밖에 없었지만, 지금은 훨씬 더 많은 사람, 내가 믿을 만한 사람이 제공하는 정보를 얻을 수 있게 되었습니다. 그러므로 신뢰도가 낮은 사람의 정보보다는 신뢰도가 높은 사람이 제공하는 정보를 선택하는 사람이 많아졌습니다.

이것은 소비자가 똑똑해졌다는 뜻이므로 다시 과거로 회귀하는 일은 없을 겁니다. 소비자는 점점 더 똑똑해질 것이므로 SNS 소비가 더욱더 증가할 것입니다. 이것이 '소비 마인드의 변화'입니다. 그러므로 앞으로는 인터넷에 상품/서비스를 노출시켜야 하며,

그냥 보여주기만 하는 게 아니라 신뢰도를 쌓아 올려야 합니다. 이해가 가시죠?

그 점을 생각하면, 중요한 건 역시나 유튜브입니다. 왜냐하면, 소비 가치관의 변화, 소비 프로세스의 변화, 소비 마인드 변화의 전제에는 인지 소비에서 신용 소비로 바뀌었다는 사실이 존재하기 때문입니다.

지금까지는 그저 알기만 하는 상태였습니다. TV에서 봤다던가, 잡지에서 봤다던가, 신문에서 본 것을 그냥 샀습니다. 연예인이 소개하니까 그냥 샀습니다. 하지만 앞으로는 믿을 만한 정보로 판단하게 될 것입니다. 이때 가장 중요한 것은 신뢰를 쌓는 것입니다. 그림을 같이 보실까요?

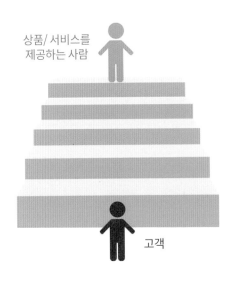

상품/ 서비스를
제공하는 사람

고객

왼쪽 그림은 한 가지 예를 표현한 건데요.

위에 있는 사람은 서비스를 제공하는 사람입니다. 즉 상품/서비스를 가진 여러분입니다.

그리고 아래에 있는 고객은 고민하고 있습니다.

'뭔가 좋은 방법 없을까?'

'하지만 손해는 보기 싫어.'

'왠지 믿을 수가 없어.'

'나랑 맞는 사람 없을까?'

하며, 고민하고 있습니다

고민하고 있는 고객은 여러분의 상품 존재 자체를 모르며, 안다고 해도 신뢰가 쌓이지 않았기 때문에 구매하지는 않을 것입니다. 하지만 한 계단씩 신뢰를 쌓아 올려 고객이 스스로 그 계단을 하나씩 올라가서 자연스럽게 여러분의 상품을 안심하며 구매할 수 있도록 설계해야 합니다. 이것이 앞으로의 비즈니스입니다. 앞으로의 비즈니스는 '신뢰'라는 계단을 얼마나 잘 쌓아 올리는지가 중요합니다.

또 한 가지 예를 들어보겠습니다. 많은 분이 페이스북을 사용하실 텐데요. 페이스북에서 비즈니스를 하는 것이 어떤 건지 말씀드리겠습니다.

어떤 사람이 페이스북에 여러분이 올린 글을 우연히 보게 되었습니다. 그 글은 개별 상담을 진행했다는 내용이었습니다. 그 글에서 보여준 고객 만족도와 투 샷이 너무 멋져서 글을 읽어보니,

큰 도움이 될 것 같다고 생각했습니다. 그래서 흥미가 생겨 여러분의 랜딩페이지에 방문해보니, '무료 메일 매거진 등록 양식'이 있었고, 무료니까 부담 없이 등록했습니다. 읽어 보니 납득할 만한 내용이었고, 마지막에는 '지금만 저렴하게 개별 상담을 받을 수 있다'라는 안내문이 있어서 개별 상담을 받아보기로 했습니다.

개별 상담을 받으면서 정말 큰 도움이 된다고 느껴 '이 사람이라면 믿을 수 있다'라고 생각했기 때문에 새롭게 이 강좌를 구매하기로 했습니다. 이것은 그냥 예를 든 것이지만, 한마디로 말하자면, '신뢰'란 '정보량의 축적'입니다. 그러므로 신뢰도가 쌓인 후에 판매하는 것은 앞으로 고객과 신뢰관계를 형성해 원활하게 판매하기 위한 과정입니다. 이것은 매우 좋은 일입니다. 양쪽 모두에게 좋은 일입니다. 고객의 입장에서도, 믿을 만한 사람에게 구매한다면 의심을 품고 불안한 마음으로 구매할 필요가 없는 거니까요.

그러므로 우리처럼 서비스를 제공하는 입장에 있는 사람은 서둘러 판매하려 하기보다는 일단 신뢰도를 쌓아 올리려 노력할 때 고객이 안심하고, 원활하게 구매하게 할 수 있습니다. 애초에 비즈니스는 한 번 구매하고 끝나는 것보다는 한 번 구매했을 때 고객이 만족하고 기뻐하게 해 고마운 마음이 들게 하거나 다시 한번 구매하고 싶게 만드는 것입니다.

그러므로 고객의 입장에서도 여러분이 많은 정보를 제공한다면 안심하고 여러분의 상품/서비스를 구매할 수 있을 것이며, 여러분 자신도 여러분을 믿는 고객에게만 상품을 제공할 수 있기 때문에 고객에게 더 많은 감사 인사를 받을 것이고, 재구매가 이루어질 확률도 높아지기 때문에 매우 즐겁고 비즈니스도 더 잘 운영될 것입니다. 즉 이 방식은 고객과 여러분 모두에게 이익이 됩니다.

좀 더 쉽게 말하면, 사실 귀찮기는 하겠지만 그 귀찮은 일을 한다면 고객도 행복하고, 여러분도 장기적으로 행복해질 것이므로 귀찮아하지 말고 열심히 신뢰관계를 쌓으라는 겁니다. 이처럼 신뢰감이 매우 중요한 시대이니만큼 인지 소비에서 신용 소비 시대로 전환되는 흐름 속에서 정보량이 더 많은 도구를 사용하는 것이 좋습니다. 따라서 유튜브가 얼마나 중요한지 이해가 가실 겁니다.

정보 전달량을 놓고 보면, 음성보다는 텍스트, 텍스트보다는 이미지, 이미지보다는 동영상이 정보량이 더 많습니다. 그래서 유튜브가 중요하다는 겁니다. 이 점을 더 파고 들어가면, 인터넷을 통해 정보를 제공하는 것만이 아니라 특히 유튜브를 활용해야 하는 3가지 이유가 있습니다.

1. 인프라의 비용 대비 효과의 향상입니다.
2. 구글의 플랫폼입니다.

첫 번째로, '인프라의 비용 대비 효과의 향상'입니다.

앞서 음성, 텍스트, 이미지, 동영상에 대해 말씀드렸는데요. 각각 1G, 2G, 3G, 4G라고 생각하면 됩니다. 사실 동영상은 3G 시대부터 시작되긴 했지만, 속도가 빨라짐에 따라 동영상을 더 쉽게 사용할 수 있게 되었다는 뜻입니다.

1G	2G	3G	4G	5G
1980	1990	2003	2009	2020~
음성통화만 가능	문자 전송 서비스가 가능	문자, 음성을 포함해서 동영상, 화상 통화 등이 가능	위성 망, 무선 랜, 인터넷망을 모두 사용 가능	1GB를 10초 안에 내려받는 시대

위의 자료는 시대의 흐름에 따라 표현한 것입니다. 원래 초기 휴대폰은 음성만 주고받을 수 있었습니다. 다음으로 2G폰이 생긴 후에는 문자, 즉 텍스트를 보낼 수 있게 되었습니다. 그리고 3G가 매우 큰 변화를 가져왔는데 스마트폰이 등장했기 때문입니다. 이 때에는 음성과 텍스트는 물론, 이미지와 동영상을 주고받을 수 있

게 되었습니다. 여기서 혁명이 일어난 겁니다.

지금은 4G 시대로서 그보다 속도가 더 향상되었기 때문에 동영상도 스트레스 없이 시청할 수 있게 되었습니다. 많은 사람이 알고 있겠지만, 앞으로 5G 시대가 되면 유튜브도 지금은 간혹 연결이 끊어지는 경우가 있지만 그런 버퍼링이 거의 사라지게 됩니다. 그러면 동영상을 더 적은 시간과 비용을 들여 제공할 수 있게 됩니다. 그러므로 동영상은 앞으로 소비자에게 더욱 친숙해지고 더 많은 정보를 제공하는 도구가 될 것입니다. 그러므로 지금 유튜브를 해야 합니다. 이것이 첫 번째 이유입니다.

두 번째로, 유튜브는 '구글의 플랫폼'입니다.

원래 유튜브는 유튜브라는 기업이 운영했지만, 2006년에 구글이 16억 5천만 달러로 인수하면서 엄청난 화제를 불러일으켰습니다. 왜냐하면 당시에는 유튜브가 아직 별다른 매출을 올리지 못했기 때문입니다. 그러나 구글은 미래에는 분명 거의 모든 사람이 텍스트나 이미지가 아니라 동영상을 통해 정보를 얻게 될 것이라는 사실을 내다보았고, 그래서 미래를 위해 16억 5천만 달러라는 파격적인 투자를 감행하며 유튜브를 인수한 겁니다. 그리고 지금은 구글이 전 세계의 검색 엔진 중에서 92.92%의 점유율을 자랑하고 있습니다.

이것도 시간이 좀 지난 수치이긴 하지만, 전 세계적으로 점유율이 가장 높은 검색 엔진이 구글이 아닌 나라는 중국과 러시아, 한국뿐이라고 합니다. 그 외의 나라에서는 구글이 가장 많이 사용됩니다.

국내 포털 점유율 1위를 수년간 갱신했던 네이버는 점점 뒤로 밀려나고 있습니다. 글로벌 브랜드 유튜브에 의해서 말입니다. 현재는 전 세계 검색량의 90%를 점유하고 있을 정도로 글로벌 검색 사이트인 구글은 사실 불과 몇 년 전만 하더라도 국내에서 찬밥 신세였습니다. 인터페이스가 너무나 못생긴, 불편한 외국 포털사이트 정도로 인식될 뿐이었습니다. 과거, 구글은 한국 사람들에게는 '정제되지 않은 정보만 가득한 곳' 정도로 취급받았지만, 누군가에게는 '방대한 정보'라는 점을 무기로 그 전세를 역전하게 되었습니다.

여전히 네이버가 국내 포털 점유율 1위를 차지하고 있지만, 구글에게 곧 1위 자리를 위협받을 것이라는 아슬아슬한 상태에 놓여 있습니다. 무엇이 이 둘의 차이를 만들었을까요?

우리나라 사람들은 리뷰에 집착합니다. 물론 예외도 있지만 비교적 그렇습니다. 내가 경험해보지 못한 것들을 간접적으로 경험하면서 실패 확률을 줄이기를 원하고, 실제로 경험해봐야만 알 수 있는 고급 정보를 유경험자들에게서 경험담을 들어봐야만 직성이 풀립니다. 이것을 네이버는 정확하게 파고들었습니다. 구글과는 번외이지만, 2002년 야후가 국내 포털사이트를 점령하고 있을 때 네이버는 지식in 서비스를 시작했습니다. 우리나라 국민성을 잘 반영한 세계 최초의 지식 주고받기 서비스인 것입니다. 이것은 한국 시장에 제대로 먹혀들었습니다.

네이버는 지식iN으로 끝나는 것이 아닌 더욱 다양하고 이용자들이 원하는 서비스를 오픈했습니다. 다양한 서비스 영역을 확대해나갔고 노력의 결과, 한국에서 포털 점유율 1위로 자리 잡은 것입니다.

【질문】 이렇게 탄탄하고 인지도 높은 네이버가 왜 이번에는 구글과 유튜브에게 위협을 받게 된 것일까요?

네이버는 포털 사이트로 보이지만 사실은 광고업체에 가깝습니다. 네이버의 주 수입원은 검색 광고입니다. 이 말인즉슨, 네이버는 이용자들로 하여금 좋은 플랫폼을 제공하고, 이용자들이 네이버에 의존할 수 있는 환경을 조성했다는 것을 의미합니다. 어떻게 보면 이용자의 역할이 큰 기여도를 한 셈입니다. 더 나아가서 이용자들이 블로그와 지식iN에 양질의 정보를 타 이용자들에게 무료로 제공함으로써 내가 원하는 정보는 네이버에서 찾을 수밖에 없었던 것입니다.

하지만 현재 상황은 달라졌습니다. 요즘 시대의 흐름은 영상 콘텐츠입니다. 개인주의의 심화와 인터넷 기술의 고도화로 사람들은 과거처럼 TV나 종이신문에 의존하지 않아도 됩니다. 내가 선택적으로 원하는 정보와 콘텐츠를 볼 수 있게 된 것입니다. 유튜브는 전 세계 최대의 무료 동영상 공유 사이트인데, 시대의 흐름을 읽어 발 빠르게 대응했습니다. 광고 수익을 크리에이터와 분배한 것입니다. 그것도 아주 만족스러운 수준으로 말입니다.

다시 포털사이트 점유율 이야기로 돌아가서, 국내에서 찬밥 신세였던 구글은 2006년에 유튜브를 주식 교환을 통해 인수했고 포털 사이트가 아닌, 동영상 사이트로 국내 시장을 파고들고 있습니다.

네이버는 이용자들의 니즈인 영상 콘텐츠를 뒤늦게 대응하고 있지만 그 반응이 시원찮습니다. 검색 기반의 포털인 네이버는 시장의 흐름인 '미디어 포털'들의 위협이라고 판단했는지 동영상 서비스 영역 확대를 시행하고 있지만, 이미 최고의 영상 콘텐츠 미디어라는 인식이 자리 잡힌 유튜브를 상대로 성공할 수 있을지 미지수입니다. 상식적으로는 네이버가 유튜브를 절대로 이길 수 없을 것 같습니다. 이유는 단순합니다. 유튜브가 더 재미있기 때문입니다.

그렇다면 네이버는 다양한 콘텐츠가 있고, 재미있는 유튜브를 어떻게 하면 이길 수 있을까요? 네이버도 유튜브처럼 다양한 크리에이터를 확보하면 됩니다. 기획력 좋고 질 좋은 콘텐츠가 유튜브에 압도적으로 많은 이유는 크리에이터 입장에서 유튜브에 올리는 편이 수익이 더 짭짤하기 때문입니다.

유튜브의 광고 수익 배분구조는 5:5에 가깝습니다. 훌륭한 크리에이터들은 돈을 따라갑니다. 수익 구조가 좋은 크리에이터는 더 많은 부를 축적하기 위해 더 훌륭한 콘텐츠를 생산해내려고 노력합니다. 이용자들은 더 재미있는 콘텐츠를 원하기 때문에 더 재미있는 콘텐츠를 만드는 크리에이터가 많은 유튜브에 상주하는 것입니다.

유튜브는 구글 검색 엔진에서 구글이 제공하는 동영상 플랫폼입니다. 여러분이 구글 관계자라고 생각해보세요. 동영상 사이트는 유튜브 말고도 많이 있습니다. 그런데 구글에서 누군가가 뭔가를 검색했을 때, 예를 들어 울렁증을 고치고 싶어서 '울렁증'이라고 검색했을 때, 유튜브에 울렁증과 관련된 동영상이 있는데, 굳이 다른 동영상 사이트의 동영상을 검색 결과 상위에 표시할 이유가 있을까요?

당연히 없을 겁니다. 즉 구글의 입장에서는, 자신들이 운영하는 유튜브 동영상을 앞쪽에 표시할 겁니다. 그러므로 구글이 운영하는 유튜브에 가장 많은 정보량을 제공하는 동영상을 올린다면 여러분의 비즈니스/서비스가 더 많은 사람에게 도달할 것입니다. 그러므로 유튜브 말고는 생각할 수도 없습니다. 고객이 원하고, 많은 고객이 사용하는 플랫폼이기 때문이죠. 이러한 경향은 점점 더 강해질 것입니다. 이것이 두 번째 이유입니다. 그럼 이제 세 번째로 넘어가겠습니다.

세 번째로, 유튜브는 '제공자가 압도적으로 우위에 있다'라는 것입니다.

예를 들어, SNS는 종류가 다양합니다. 페이스북, 트위터, 구글+, 유튜브 등이 있습니다. 유튜브는 이용자 수가 10억 명 이상이며, 연령대도 10대부터 60대까지 가장 폭넓게 이용되고 있습니다. 다른 SNS와의 연계도 잘되어 있습니다. 그런 의미에서도 다른 SNS보다 우위성을 갖고 있다고 할 수 있습니다.

하지만 그게 다가 아닙니다. 훨씬 더 대단합니다. 무엇이 대단한가 하면, 이것은 포레스터 리서치(Forrester Research)라는 미국의 조사 회사가 한 말인데요. "동영상이 포함된 페이지는 그렇지 않은 페이지에 비해 약 53배의 확률로 검색 결과 첫 페이지에 표시된다"라고 합니다.

간단히 말하자면, 여러분이 무엇인가를 검색했을 때 정보를 알고 싶어서, 또는 무엇인가를 구매하고 싶어서, 어떤 문제를 해결하는 방법을 찾기 위해 검색을 했을 때, 검색 결과 10페이지에 표시된 상품을 구매하겠습니까?

그렇지 않을 겁니다. 아마 대부분의 사람은 무엇인가를 검색했을 때 첫 페이지에 표시된 것에서부터 구매 여부를 결정할 것입니다. 그러므로 솔직하게 말하면, 서비스를 제공하기 위해 홈페이지, 랜딩페이지 등을 만들었다고 해도 그것을 첫 페이지에 표시하지 않으면 아무 의미가 없습니다.

그런데 서비스를 소개하는 페이지에 동영상이 포함되어 있지 않을 때와 동영상이 포함되어 있을 때, 검색 결과 첫 페이지에 표시될 확률을 보면 동영상이 포함되어 있는 페이지가 53%나 더 잘 표시된다는 뜻이므로 동영상을 포함시키지 않는다는 것은 바보짓입니다.

구글의 검색 결과에서 첫 페이지에 표시될 확률이 53배나 차이 난다는 것은 그중에서 내 상품을 검토하게 될 확률이 53배나 차이 난다는 뜻이므로 극단적으로 말하면, 동영상이 포함되지 않은 페이지를 만들어봤자 첫 페이지에 표시될 일이 거의 없다고 할 수 있습니다.

우연히 경쟁자 모두가 동영상을 포함시키지 않았다면 모를까, 거의 모두가 열심히 공부해서 동영상을 포함시키고 있기 때문에 그런 사람들의 페이지만 첫 페이지에 표시되고, 여러분의 상품만 뒤로 밀려나면 너무 슬플 것입니다. 고객에게나 여러분에게나 기회 손실이 될 것입니다. 그러므로 동영상을 꼭 넣어두시기 바랍니다.

우리나라 치과의원이 몇 개인 줄 아십니까? 2020년 1분기 기준, 현재 치과의원 수는 18,051개소, 전국의 치과병원 수는 238개소, 전라북도 군산에만 78개의 치과병원이 있습니다. 그런데 유튜브에서 '군산치과'라고 검색하면 미라클 회원인 김요한 원장님이 운영하는 '고운이치과'가 반드시 첫 페이지에 나옵니다.

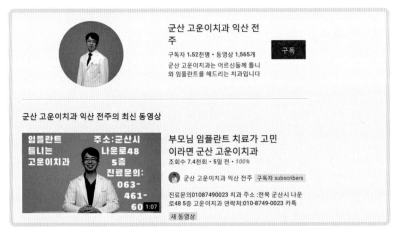

군산 고운이치과의 김요한 원장님의 유튜브 채널

누가 검색하든 나올 겁니다. 왜냐하면 '군산치과'라는 키워드가 들어 있는 동영상의 개수가 대한민국에서 가장 많기 때문입니다. 한글로 된 콘텐츠 중에서는 세계 최고라고 할 수 있죠. 세계에서 '군산치과'라는 키워드가 들어간 동영상을 제일 많이 제공하는 사람은 김요한 원장님입니다. 그러므로 군산에서 치아 때문에 고민하는 많은 사람이라면 일단은 군산 고운이치과를 반드시 보게 됩니다. 그 안에서 선택을 받든, 그렇지 않든 하는 것입니다. 그건 어쩔 수 없죠. 선택받지 못하면 그 사람은 김요한 원장님과 맞지 않는다는 뜻이니까요. 그런 거라면 고객도, 김요한 원장도 손해를 보는 건 아니니 괜찮습니다. 하지만 김요한 원장님과 잘 맞는 사람이 김요한 원장님을 만나지 못하는 건 안타까운 일입니다.

그것을 여러분의 일이라고 생각해보세요. 여러분을 만나면 고객이 고민을 해결할 수 있고, 더 편해지며, 풍요로워질 것이라는 사실을 여러분은 알고 있지만 고객은 모릅니다. 하지만 여러분의 상품/서비스가 표시되지 않으면 고객은 어림짐작할 수밖에 없습니다. 그것은 고객에게 매우 큰 기회 손실이며, 여러분에게도 기회 손실이 됩니다. 그러므로 유튜브를 반드시 활용해야 합니다. 이해가 가시죠?

유튜브는 압도적으로 발신자가 우위에 있습니다.

3%

이 3%는 무엇일까요? 바로 유튜브에 동영상을 업로드하는 사람의 비율입니다.

이게 무슨 뜻일까요? 극단적인 예를 들어보겠습니다.

예를 들어, 만 명이 사는 마을에서 680개의 라면 가게가 있는 경우와 똑같이 만 명이 사는 마을에 라면 가게가 3개밖에 없는 경우, 여러분은 어느 마을에서 라면 가게를 오픈하겠습니까? 당연히 라면 가게가 3개밖에 없는 마을에서 오픈한다면 고객도 더 좋아할 것이며, 매출도 이익도 쉽게 오를 것입니다. 그러므로 앞으로 SNS를 통해 정보를 제공할 예정이라면 절대로 유튜브를 배제해서는 안 됩니다.

꼭 기억하세요. 유튜브는 배제하지 마십시오. 유튜브는 기본이고, 그 외에 어떤 SNS를 활용할지는 업계에 따라 달라집니다. 이해가 가시죠? 그만큼 유튜브는 매우 중요합니다.

조금 더 말씀드리도록 하겠습니다. 이런 사람에게는 유튜브가 맞지 않습니다. 절대로 맞지 않는다는 말은 아닙니다. 이런 생각으로는 앞으로 지속할 수 없다는 뜻입니다.

먼저, 유튜브 광고 수익만 노리는 사람은 굉장히 힘들 겁니다. 왜냐하면, 유튜브 광고를 통한 수입을 얻는 것은 몇 명밖에 안 됩니다. 즉 모든 사람이 금방 쉽게 돈을 벌 수 있는 건 아닙니다. 간혹 유튜브 세미나를 광고하는 사람을 많이 보게 되는데요. 거기 보면 모두가 돈을 벌 수 있다고 이야기합니다. 하지만 그건 불가능합니다. 모두가 돈을 벌 수 있는 건 아닙니다. 현재로서는 1%밖에 안 됩니다.

그중에서도 유튜브 광고 수익만으로 생계를 꾸리는 사람만 추려내면 그 수는 훨씬 줄어들 것입니다. 광고 수익으로 한 달에 10~20만 원밖에 받지 못하는 사람도 많이 있으니까요. 그러므로 광고 수익만으로 생계를 꾸리는 사람의 비율은 훨씬 더 적습니다. 따라서 광고 수익만 노리는 것은 불가능하진 않지만 굉장히 어렵습니다. 그리고 유튜브가 언제 규정을 바꿀지 알 수 없습니다. 유튜브는 규정을 계속해서 바꿉니다.

알기 쉬운 예를 들자면, 현재 폭력적인 동영상은 삭제되고 있으며, 계정 자체가 삭제되는 경우도 있습니다. 광고 수익을 0원으로 만드는 경우도 있습니다. 선정적인 영상도 마찬가지입니다. 그런 영상들은 점점 사라져가고 있습니다.

최근에는 롤자막 영상이 거의 사라졌습니다. 롤자막은 자막이 쭉쭉 올라가면서 이야기하는 영상입니다. 그런 영상은 현재 광고 수익을 얻지 못하게 되었습니다. 전부 다 그런 건 아니지만, 대부분 인터넷 뉴스를 복사해서 붙여넣은 것이기 때문입니다. 전부는 아니지만 대부분 그렇습니다. 즉 다른 사람의 정보를 그대로 가져다가 자막으로 만든 것뿐인데, 그것으로 수백만 뷰를 얻어 돈을 벌었던 겁니다.

하지만 유튜브의 입장에서는 정말로 가치 있는 정보, 특히 1차 정보라고 해서 직접 창작한 정보를 가치 있는 정보라고 판단합니다. 롤자막은 다른 사람의 것을 베꼈기 때문에 자신의 생각이나 독창성이 전혀 포함되어 있지 않은 내용이므로, 그런 콘텐츠는 가치 있는 정보가 아니라고 정의를 내려 현재는 광고 수익을 받지 못하게 했습니다. 그리고 광고 수익이 들어오지 않으니 롤자막 영상은 거의 사라지고 있습니다.

이처럼 좋은 의미에서 유튜브를 보는 사용자의 입장에서 가치 있는 정보만 남게 되고, 가치 없는 정보는 나오지 않게 바꾸고 있습니다. 그러므로 단순히 돈을 벌고 싶어서 유튜브를 시작한다면 앞으로는 성공할 수 없습니다. 절대로 돈을 벌지 못할 것이라 할 수는 없지만, 그런 건 결국 잠깐의 속임수에 불과하므로 절대로 권장하지 않습니다. 그런 콘텐츠는 언젠가는 잘릴 것이므로 일시적으로 수입이 올랐다가도 금방 수입이 떨어지면 오히려 불행해질 수 있으므로 권장하지 않습니다.

다음으로, 이것은 매우 장기적인 이야기이긴 하지만 언제 플랫폼이 바뀔지 모릅니다. 무슨 말이냐면, 지금은 유튜브가 가장 많이 표시되고 광고 수익도, 비즈니스에서 고객을 만나게 될 확률도 높지만 10년 후에는 어떻게 될지 아무도 모릅니다. 누구도 알 수 없습니다. 그러므로 유튜브 광고 수익만으로 회사를 운영하면, 그 회사가 변화하지 않는 한 10년 후에는 사라지게 될 것입니다. 그런 일이 일어나지 않도록 유튜브를 하나의 정보 제공 툴로 여기고, 광고 수입에 의존하지 않아야 합니다.

그리고 간단히 비즈니스 유튜버의 정의를 말씀드리겠습니다.

유튜버와 비즈니스 유튜버의 차이를 말씀드리자면, 유튜버는 광고 수익을 위주로 하는 사람을 말합니다.

비즈니스 유튜버는 유튜브를 활용함으로써 자사의 상품/서비스를 사람들에게 공지해 광고 수익도 벌어들이지만, 광고 수익 외에 주요 상품에 대한 매출이 위주인 사람을 말합니다. 그러므로 구글을 통해 광고 수익을 얻을 수 있기는 하지만 그것이 주요 수익원은 아닙니다. 유튜브는 비즈니스와 관련된 정보를 제공하는 플랫폼에 지나지 않습니다. 그것이 비즈니스 유튜버입니다.

그러므로 비즈니스 유튜버의 길을 권장합니다. 광고 수익에만 의존해서는 안 됩니다. 물론 일부 사람들은 크게 성공할 수도 있겠지만, 예를 들어 가수가 되는 건 쉽지만 성공하는 사람은 적잖아요? 유튜브만으로 돈을 버는 것 역시 가수만큼 어려울지는 모르겠지만 점점 더 힘들어질 것입니다.

하지만 비즈니스 유튜버의 길은 전혀 좁지 않습니다. 극단적으로는 광고를 통한 수익이 없어도 필요로 하는 고객에게 정보를 제공할 수만 있으면 비즈니스가 성립됩니다. 이해가 가시죠? 다음으로 다른 사람에 대해 안 좋게 말하는 사람은 유튜브와 맞지 않습니다. 왜냐하면, 불평하는 콘텐츠는 기업이 싫어하기 때문입니다.

유튜브의 광고 수익이 어떻게 크리에이터에게 지급되는가 하면 고객에게서 돈을 받는 것이 아니라 광고주가 유튜브에 돈을 지불하는 겁니다. 크리에이터로 인해 많은 사람에게 광고를 보여줄 수 있었으니 감사의 표시로 수익이 발생하는 겁니다. 그러므로 기업이 싫어하는 유튜버의 영상에는 광고가 표시되지 않도록, 유튜브 쪽에서 설계하고 있습니다.

불평하는 콘텐츠는 유튜브가 싫어하는 내용이므로 일시적으로 크게 성공한다 해도 장기적으로는 유지될 수 없으므로 다른 사람에 대해 안 좋게 말하는 콘텐츠는 올리지 마십시오. 아무런 이득이

될 게 없습니다. 가령 구독자 수나 조회 수가 증가한다 해도 시청자의 질은 떨어질 것입니다. 여러분이 누군가를 폄하하면 뒷담화를 좋아하는 사람만 모이기 때문에 여러분도 욕을 먹으면서 비즈니스를 할 수밖에 없습니다. 그럴 때 기분 좋은 사람이 누가 있겠습니까? 그러니 절대로 권장하지 않습니다. 수치는 올라갈 수 있지만 비즈니스는 발전하지 못할 것이므로 다른 사람을 안 좋게 말하는 콘텐츠는 올리지 마십시오.

지금은 그런 콘텐츠가 점점 줄어들고 있습니다. 예전에는 많았습니다. 왜냐하면, 구독자 수와 조회 수가 쉽게 증가했거든요. 하지만 앞으로는 구독자 수와 조회 수가 증가하기 어려워질 것이므로 새롭게 시작할 사람에게는 맞지 않습니다.

마지막입니다. 경쟁자와 자신의 차이점을 분석하지 못하는 공부가 부족한 사람은 유튜브와 맞지 않습니다. 앞으로 유튜브는 레드오션이 될 것입니다. 유튜브에 업로드하는 사람은 불과 3%밖에 안 되지만 앞으로는 많아질 것입니다. 그러므로 경쟁자와 비교되는 일이 많아지게 될 것입니다.

따라서 경쟁자를 분석해 나의 상품이 가진 장점을 확실하게 어필하거나 상품 자체의 질을 높이는 등 계속해서 개선해나가야 합니다. 즉 배움의 자세가 있는 사람이 유튜브와 잘 맞습니다. 공부하는 게 싫다, 그냥 갖고 있는 걸 팔면 된다고 생각하는 사람은 맞지 않습니다. 즉 경쟁자와 자신을 분석하지 못하는, 배우려 하지 않는 사람과는 맞지 않습니다. 이해가 가시죠? 분석, 개선, 공부를 좋아하는 사람이 유튜브와 잘 맞습니다. 이것이 제일 중요합니다. 목표를 정하는 거죠.

앞서 말씀드린 것처럼 광고 수익에만 의존하는 게 아니라 유튜브를 시작하기 전부터 '나는 이 상품/서비스를 많은 사람에게 제공하겠다'라고 결심한 사람이 유튜브를 해야 합니다. 또렷한 목표를 가진 사람이 유튜브와 잘 맞습니다. 왜냐하면 유튜브는 지속하는 사람이 매우 적기 때문입니다.

솔직히 말씀드리겠습니다. 다른 SNS에 비해 유튜브는 귀찮습니다. 얼굴을 공개하는 게 훨씬 유리하지만, 얼굴을 공개하기 싫으면 조금 불리합니다. 얼굴을 공개했다면 직접 말도 해야 합니다. 그러니 말을 잘 못하는 사람은 불리하겠죠. 그리고 촬영도 해야 하기 때문에 기재도 준비해야 하고, 편집도 해야 하며, 제목도 잘 생각하고 연구해야 합니다. 보고 싶은 마음이 들게 미리보기 이미지도 잘 만들어야 합니다. 그리고 동영상을 많이 올려야 장기적으로 성장할 수 있습니다. 이해가 가시죠?

유튜브는 다른 SNS에 비하면 매우 번거롭습니다. 그러므로 열심인 사람만 해야 합니다. 아니, 열심인 사람만 계속할 수 있습니다. 어중간한 마음으로 시작하면 금방 관둡니다. 하지만 열심히 하는 사람에게는 유튜브가 더 유리합니다. 왜냐하면 경쟁자가 많아져도 열심히 하지 않는 사람은 금방 그만두기 때문에 열심히만 하면 반드시 성장할 수 있습니다.

그러므로 앞으로 성장하게 될 유튜버가 어떤 사람인가 하면 바로 목표를 정하는 사람입니다. '난 해낼 거야! 반드시 알릴 거야!'라고 결심하는 사람이지요. 비즈니스 유튜버, 즉 유튜브를 통해 용돈벌이를 하는 사람보다 원래 자신의 비즈니스에 큰 가치를 느끼고 있는 사람, 하지만 좋은 의미에서 아직 알려지지 않은 사람이라면 비즈니스 유튜버에 가장 적합한 사람입니다.

다음은 제가 생각하는 비즈니스에 대해 말씀드리겠습니다. 이걸 알아두면 다음 내용도 이해하기 쉽거든요. 비즈니스가 무엇인지는 중요한 내용인데요. 제가 생각하는 비즈니스는 다음과 같습니다.

여러분은 상품/서비스를 갖고 있습니다. 여러분이 훌륭한 상품을 갖고 있다는 사실을 그 고객이 인지합니다.

'저 사람은 나보다 이 점에 대해 더 많이 알고 있구나.'

'나보다 기술이 더 뛰어나구나.'

그렇게 가치를 느끼는 겁니다. 둘 사이의 갭 차이에 대해서 말이죠. 고객은 그 가치를 얻기 위해 대가로서 돈을 지불하는 겁니다.

예를 들어, 여러분이 화법을 배우고 싶어서 스피치 교실에 갔는데 강사가 여러분보다 말을 더 못한다면 돈을 내기 싫지 않겠습니까? 하지만 그 강사가 여러분보다 말을 더 잘하고, 가르치는 방식도 열심히 연구하고, 현장에서도 실적을 가진 사람이라면 가치를 느끼기 때문에 돈을 내고서라도 그 사람에게서 가르침을 받고 싶을 것입니다.

비즈니스를 어떻게 진행해야 할까요? 대략 두 개의 축이 있습니다.

첫 번째 축은 여러분 자신이 그 가치를 향상시키는 것입니다. 더욱더 연마해 자기 성장을 거듭해 레벨을 높이면 그 가치의 갭 차이가 더욱 커지기 때문에 더 많은 고객이 여러분의 상품/서비스를 구입할 것이고 매출이 그만큼 더 올라가게 됩니다.

두 번째 축은 가치를 아는 사람을 증가시켜 신뢰를 쌓는 신뢰

마케팅을 실천함으로써 더 많은 고객이 여러분을 알고 여러분에게서 상품을 살 겁니다.

신뢰를 얻는 데는 유튜브가 최고입니다. 왜냐하면, 앞서 설명한 것처럼 동영상은 신뢰를 얻는 데 가장 효과적이기 때문입니다. 정보량이 많으니까요. 텍스트만 있으면 거짓을 말해도 알 수 없지만, 동영상이라면 사람은 누구나 감성이 있기 때문에 표정과 말투, 분위기를 보면 옳은지 그른지는 알 수 없어도 나와 맞는 사람인지 아닌지는 알 수 있습니다. 그건 나만의 느낌이니까요. 상성(相性)이 맞는지, 어떤지는 본인이 정하는 것이기 때문에 '이 사람은 나랑 안 맞으니까 사지 말아야지'라고 생각할 수도 있습니다. 상성의 문제니까요.

하지만 '나는 이 사람에게서 배우면 좋겠다'던가 '이 사람의 말이라면 믿을 수 있다'라고 생각하게 되면 믿을 만한 사람에게서 구매할 때 좋은 상품을 구매할 확률이 높아집니다. 그 신뢰감을 표현할 수 있는 가장 좋은 매체가 동영상입니다. 동영상은 속임수를 쓰기 가장 어려운 정보 제공 매체니까요. 음성, 텍스트, 이미지는 가공하기가 더 쉽지만, 동영상은 아무리 가공을 한다고 해도 본연의 모습이 나올 수밖에 없습니다. 따라서 잘 맞는지, 어떤지 쉽게 알 수 있으므로 가장 신뢰할 수 있다는 의미에서 유튜브가 최고라는 겁니다.

그러니까 유튜브를 합시다. 이제 앞으로 유튜브가 얼마나 중요하고, 비즈니스에서 유튜브를 활용하지 않으면 얼마나 큰 손해인지 아셨을 겁니다. 사실 당연한 겁니다. 예를 들어, 여러분의 상품/서비스에는 반드시 경쟁자가 있을 겁니다. 그런데 경쟁자가 유튜브를 시작하면 고객은 그 경쟁자의 상품만 인식하게 됩니다. 그러면 여러분의 상품은 세상에 존재하지 않는 것처럼 되어버릴 겁니다. 그것은 너무 안타까운 일이므로 앞으로 유튜브는 필수입니다.

간혹 유튜브도 이제 끝났다고 말하는 사람이 있지만, 그 말은 많이 봐줘도 반은 맞고 반은 틀립니다. 반이 맞다는 이유는 광고 수익만으로 생계를 유지하기는 어렵다는 겁니다. 어느 정도 이해가 가시죠? 유명한 유튜버의 퀄리티는 어마어마합니다. 그러므로 유명한 유튜버를 따라 해서는 생계를 유지할 수 없습니다. 그런 의미에서 어느 정도 끝났다고 할 수 있지만, 비즈니스 유튜버는 지금부터 시작입니다.

아직은 별로 없거든요. 비즈니스 유튜버는 아직 별로 많지 않습니다. 물론 있기는 있습니다. 하지만 아직은 매우 적으며, 구독자가 10만 명 이상인 채널은 거의 없습니다. 물론 구독자가 5,000~6,000명이라도 폭발적인 성공을 거둔 채널도 있습니다. 활용 방법에 따라 다른 거죠. 지금 이걸 시작하는 건 엄청난 기회입니다.

여러분의 비즈니스가
성공할 수 있는 노하우

　여러분도 아는 것처럼 동영상은 앞으로 10년은 절대로 끊어질 일 없는 거대한 트렌드입니다. 최근 4~5년 사이 동영상이 마케팅의 주역이 되었습니다. 그 증거로 고객 모집에서든, 교육에서든, 세일즈에서든, 고객 관리에서든, 비즈니스의 모든 상황에서 동영상을 사용하지 않는 건 상상할 수 없는 세상이 되었습니다. 그러므로 어쩌면 여러분도 동영상이 엄청난 트렌드라는 사실을 이해하고 있었을 것입니다.

　그리고 작년에 발생한 일로 인해 동영상의 수요가 말도 안 되게 급증했습니다. 그렇습니다. 바로 코로나 때문입니다. 코로나 때문에 사람을 만날 수 없게 되어 거의 모든 기업이 '동영상'을 활용하게 되었습니다. 하지만 '동영상을 활용해야지!'라고 생각하는 사장님은 많아졌어도, 동영상을 통해 비즈니스를 어떻게 성장시켜야 하는지는 잘 모르고 계십니다.

어떤 비즈니스에서든 성과를 보이는 동영상 비즈니스 모델을 사용하기 때문에 사실 동영상으로 성과를 올리는 것은 딱히 어려운 일이 아닙니다. 왜냐하면 많은 사람이 동영상으로 성과를 보지 못하는 것은 하나의 동영상으로 여러 가지 일을 하려 하기 때문입니다.

한번 상상해보세요. 여러분의 상품을 전혀 갖고 싶어 하지 않는 사람에게 세일즈 레터 한 장으로 상품을 판매하는 것은 쉽지 않습니다. 그런데 먼저 관심을 갖게 하고, 갖고 싶다고 생각하게 하고, 구매하게 하고, 계속 재구매하게 한다면 어떨까요?

각각을 나누면 카피프레이즈를 쓰는 것이 어렵지 않을 겁니다. 동영상도 이와 같습니다. 하나의 동영상으로 다양한 일을 하려 하지 말고, 이처럼 고객 모집과 팬으로 만드는 과정을 분할해 각각의 목적에 따라 동영상을 만들고 그것을 적절한 장소에 배치한다면 동영상으로 성과를 얻는 일이 간단해질 것입니다.

실제로 해외 동영상 마케터들은 이 방법만으로 80% 이상의 높은 확률로 성과를 거두고 있습니다. 고객 모집·교육·세일즈·고객 관리 각각의 분야에서 성과를 얻는 동영상의 템플릿을 알고 있기 때문입니다.

동영상을 잘 모르는 초보자임에도 불구하고, 이 4가지 단계에 따라 동영상을 만드는 것만으로도, 특정한 사이트의 검색 결과를 독점하기도 했으며, 매출이 반년 만에 2배나 증가하기도 했고, 무슨 짓을 해도 팔리지 않던 고액의 상품이 날개 돋친 듯이 팔리기도 했습니다.

그리고 이 이유야말로, 동영상 마케팅의 지식과 경험이 없어도 높은 확률로 성과를 낼 수 있는 이유입니다. 얼핏 복잡해 보이는 동영상 마케팅이지만, 사실은 4가지 단계 중 어디에 문제가 있는지 찾아내고, 그 문제를 해결하는 동영상의 틀만 안다면, 누구나 활용할 수 있습니다.

그리고 지금은 코로나의 영향 때문에 동영상의 수요가 폭발적으로 증가했습니다. 그런데 '동영상을 어떻게 사용해야 할까? 어떤 동영상을 만들어야 할까?' 그 점을 알지 못해 동영상을 사용하고 싶어도 시작하지 못하는 사장님들이 많이 있습니다.

대부분의 사람들은 동영상이라고 하면 매우 어렵게 생각합니다. 동영상을 잘 알아야 하고, 마케팅 지식이 풍부해야 하고, 경험이 많지 않으면 할 수 없다고 생각합니다. 하지만 전혀 그렇지 않습니다. 왜냐하면 동영상 마케팅은 템플릿과 도구만 사용할 줄 알면 지식과 경험, 실적에 상관없이 누구나 시작할 수 있기 때문입니다.

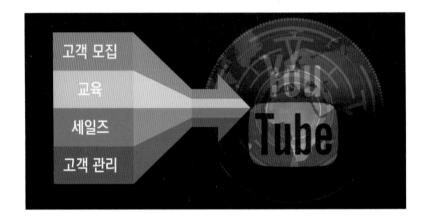

4가지 단계만 알면 어떤 업종/업계에서도 사용할 수 있습니다. 어떤 비즈니스에서든, 어떤 업종/업계에서든, 규모가 크든 작든, 모든 비즈니스는 4가지 단계로 구성됩니다.

1. 유망고객을 모은다.
2. 유망고객이 갖고 싶어 하도록 교육한다.
3. 유망고객에게 상품을 판매한다.
4. 재구매를 유도한다.

어떤 비즈니스든, 결국은 4단계 중 어딘가에 비즈니스가 성공하지 못하는 문제점이 숨겨져 있습니다. 그러므로 이 4단계 중 어디에 문제가 있는지 찾아내고, 그 문제를 해결하기 위한 동영상 활용법이 필요합니다. 사실은 이것이 높은 확률로 동영상을 통해 성과를 볼 수 있게 하는 가장 큰 비밀입니다.

동영상 마케팅을 시작한다면 지금이 절호의 타이밍입니다! 말씀드린 것처럼 코로나로 동영상의 수요가 급증했으므로 동영상을 활용해 비즈니스를 성장시키기를 원하는 수요가 놀랄 만큼 많아졌습니다. 코로나가 끝난 후에도 비즈니스에서 동영상을 활용하려는 움직임은 더욱 가속화될 것이므로, 지금이야말로 '선행자의 이익'을 얻을 수 있을 것입니다.

그러므로 시작할 거라면, '지금'이 최적기입니다. 유튜브는 중장기적인 전략이기 때문에 그러한 각오로, 최선을 다해 비즈니스를 성장시키고 싶은 분들이 하시길 바랍니다. '일단 올해만 해보자'라던가 '단기적으로 용돈 벌이만 하자'라고 생각하시는 분들에게는 유튜브는 맞지 않습니다.

그리고 그것이 유튜브의 특징이기도 합니다. 그렇게 쉽지는 않습니다. 하지만 유튜브는 쉽지 않은 만큼, 조금씩 쌓아 올리면 무너지지 않습니다. 갑자기 매출이 떨어질 일도 없습니다. 왜냐하면, 신뢰관계를 형성하는 플랫폼이기 때문입니다.

TV CF나 특별한 취재가 있어서 매출이 오르게 되면 그때만 잠깐 올랐다가 뚝 떨어질 수 있지만, 유튜브는 절대 그렇지 않습니다. 여러분 자신과 고객 한 사람 한 사람이 신뢰관계를 형성할 수 있습니다. 그만큼 효과적인 도구이므로 비즈니스에 대해 뜨거운 마음을 가진 분이라면, 많은 사람들을 도와주고 싶고 부유해지기를 바라는 분이라면, 비즈니스 유튜버 대학을 신청하셔서 함께 배워서 크게 활약하기를 바랍니다.

또한 개인적인 신뢰관계에 더해 수십만 명과 연결될 수도 있습니다. 이것이 가능한 플랫폼은 유튜브뿐입니다. 앞으로도 온 세상에 유익한 정보를 확산시키는 강사로서 여러분과 함께 세상을 더 낫게 만들어나갈 것입니다.

정선의 대표 인터뷰

정선의 대표님. 안녕하세요. 스가야 신이치입니다. 잘 지내시는지요? 민진홍 소장한테 이야기 잘 들었습니다. 축하드립니다. 부탁이 있습니다. 제 책에 정선의 대표를 소개하고 싶습니다.

1. 연간 매출이 얼마 Up 되었나요(몇 퍼센트 Up 되었나요)?

혼자 하는 컨설팅이다 보니 매출이 거의 소득입니다. 현재는 30명의 컨설턴트와 함께하고 있어서 매출은 50억 원 정도이고, 개인 소득은 연 5억 원 정도입니다. 중요한 건 비즈니스 유튜브를 통해 컨설팅 받을 고객 디비를 생산하다 보니 어려운 컨설팅을 직접 하지 않아도 더 큰 소득을 창출하고 있습니다.

현재는 제 연구소의 기업 경영 컨설턴트들에게 비즈니스 유튜브 채널을 추가 운영하게 해서 더 많은 고객 디비를 생산하기 때문에 제가 가만히 있어도 수익이 점점 높아지는 구조입니다.

2. 고객의 반응은 어떤가요?

전반적으로 다음과 같은 반응을 보입니다.

- 주변에서 접하기 어려운 고급 정보(주로 세금 절감)를 유튜브를 통해서 얻을 수 있게 해주어서 감사하다.
- 어려운 내용을 쉽게 설명해줘서 도움이 된다.
- 신뢰가 가서 직접 컨설팅을 받아보고 싶다.

정형화된 방송 스타일로 하지 않고 옆자리에 앉아서 이야기해 주는 것처럼 편안하게 전달하는것이 주안점입니다.

고객층이 고연령(평균 55세)이다 보니 천천히 말하고 PPT 판서를 활용합니다. 영상의 화려함은 배제합니다. 판서에 익숙한 세대이므로 파워포인트에 글 위주로 작성합니다(빨간 펜으로 밑줄 긋기, 동그라미 치기, 별표 치기(5060세대 학습 방식) 구현).

3. 유튜브 마케팅을 한 감상은 어땠나요?

2년 전 비즈니스 유튜브란 개념조차 없을 때 미라클 마케팅에서 비즈니스 유튜브를 처음 알게 되었습니다. 미라클 마케팅에서 비즈니스 유튜브로 큰 성과를 낸 일본 비즈니스 유튜브 1인자인 스가야 상을 만날 수 있는 연수를 한다고 해서 코로나가 시작된 2019년 3월에 무작정 따라나섰습니다. 오가는 내내 미라클 마케팅의 민진홍 소장님께 비즈니스 유튜브 마케팅에 대해 배웠습니다. 일본에 도착해서 스가야 상의 강의와 코칭을 받았습니다. 당시 스가야 상의 "비즈니스 유튜브는 고객층이 좁을수록 효과가 파워풀하다"라는 말이 의아해서 또 물어보았더니 더 강하게 고객층을 좁히고, 또 좁히라고 했습니다.

제가 하는 일이 세금 때문에 고민하는 고액자산가나 기업의 오너 CEO의 가업 승계이다 보니 고객층이 매우 한정적입니다. 그런데 고객층을 좁힐수록 더 큰 성과를 낼 수 있다는 말을 듣고 큰 희망이 생겼습니다. 배운 대로 실천해봤더니 폭발적인 매출 신장은 물론, 업무가 편해지고 고객 확보도 안정적으로 할 수 있게 되었습니다.

4. 코로나에 지지 않는 마음가짐 등을 꼭 듣고 싶습니다

2년 전 코로나가 시작되면서 고객을 만나기가 어려워졌습니다. 여유 시간이 많아져서 온라인 마케팅을 공부하기 시작했지요. 제 고객층은 연령층이 높다 보니 온라인 마케팅 중에서 유튜브 마케팅이 딱 맞아떨어졌습니다. 마케팅을 공부하고 실천하는 저에게 코로나는 앞으로도 전혀 문제가 되지 않습니다.

Shorts 완전 공략 세미나

● YouTube Shorts의 개요와 '아무도 알려주지 않은' 진짜 특징은?
● 왜 고객은 5분짜리 동영상을 싫어하고 15초짜리 동영상을 좋아하는가?
● YouTube의 미래를 '이 부분을 통해' 전문가가 해설한다.
● YouTube Shorts가 얼마나 엄청난 블루오션인지 화면을 통해 알아본다.
● 강사 스가야 신이치가 단언하는 '3년 후'의 동영상 마케팅
● YouTube Shorts의 등장으로 인해 반드시 겪게 될 '4가지 변화'
● YouTube Shorts를 통해 중소기업이 손에 넣을 수 있는 '3가지'
● 주택 · 제조업 · 점포 비즈니스의 구체적인 활용 사례
● 우리가 극복해야 하는 YouTube Shorts 운용 시 유의할 점

 세미나 영상 신청하세요

Ch 미라클 마케팅 **➕**

카카오톡 채널 추가하는 방법
카톡 상단 검색창 클릭 → QR코드 스캔 → 채널 추가

나의 직원은 유튜브

제1판 1쇄 2021년 12월 24일

지은이 스가야 신이치(菅谷 信一)·민진홍
펴낸이 서정희 **펴낸곳** 매경출판(주)
기획제작 ㈜두드림미디어
책임편집 배성분 **디자인** 얼앤똘비악earl_tolbiac@naver.com
마케팅 강윤현, 이진희, 장하라

매경출판㈜
등록 2003년 4월 24일(No. 2-3759)
주소 (04557) 서울시 중구 충무로 2(필동1가) 매일경제 별관 2층 매경출판㈜
홈페이지 www.mkbook.co.kr
전화 02)333-3577
이메일 dodreamedia@naver.com
인쇄·제본 ㈜M-print 031)8071-0961
ISBN 979-11-6484-342-8 03320